二里岗街道志

郑州市名街志文化工程

郑州市地方史志编纂委员会　主办
中共郑州市委党史和地方史志研究室　编著

中国水利水电出版社
www.waterpub.com.cn
·北京·

图书在版编目（CIP）数据

二里岗街道志 / 中共郑州市委党史和地方史志研究室编著. -- 北京 : 中国水利水电出版社，2023.12
郑州市名街志文化工程
ISBN 978-7-5226-0199-1

Ⅰ. ①二… Ⅱ. ①中… Ⅲ. ①区(城市)—地方志—郑州 Ⅳ. ①K296.14

中国版本图书馆CIP数据核字(2021)第259926号

审图号：豫郑管城S〔2021〕001号

选题策划：马爱梅　宋建娜　李慧君
责任编辑：李慧君

书籍设计：李　菲　田雨秾　龚　煜

	郑州市名街志文化工程
书　名	二里岗街道志
	ERLIGANG JIEDAO ZHI
作　者	中共郑州市委党史和地方史志研究室　编著
出版发行	中国水利水电出版社
	(北京市海淀区玉渊潭南路1号D座　100038)
	网址: www.waterpub.com.cn
	E-mail: sales@mwr.gov.cn
	电话: (010) 68545888（营销中心）
经　售	北京科水图书销售有限公司
	电话: (010) 68545874、63202643
	全国各地新华书店和相关出版物销售网点
排　版	北京金五环出版服务有限公司
印　刷	北京天工印刷有限公司
规　格	184mm×260mm　16开本　12.5印张　229千字
版　次	2023年12月第1版　2023年12月第1次印刷
定　价	128.00元

凡购买我社图书，如有缺页、倒页、脱页的，本社营销中心负责调换

二里岗街道地图

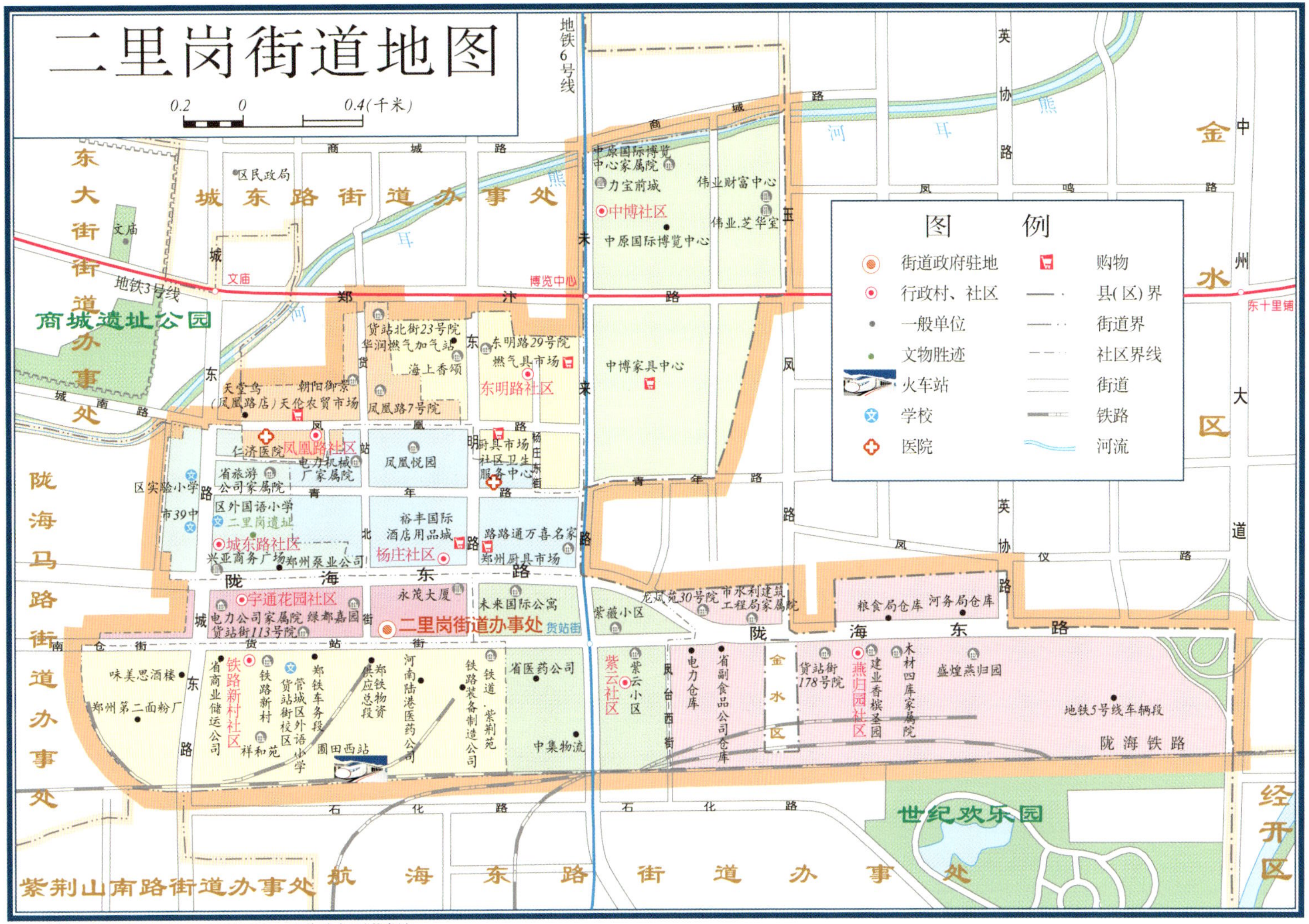

（注：图上行政界线为权宜画法，不作为划界依据）

二里岗街道俯瞰之一　马健　摄

二里岗街道俯瞰之二　马健　摄

二里岗街道俯瞰之三　马健　摄

陇海快速路穿境而过　马健　摄

陇海铁路贯穿辖区　马健　摄

郑州市名镇志、名村志、名街志编纂委员会

名誉主任 虎　强

主　　任 丁淑杰

副 主 任 李红霞　王丹东　牛宏波　高　峰　尹　红

委　　员（按姓氏笔画排序）

马素萍　王传胜　王淑慧　冯凌义　刘　宁　李　鹏

李颖辉　李新建　罗东方　周　莉　曹可艳　靳大勇

主　　编 丁淑杰

副 主 编 王丹东

编　　委（按姓氏笔画排序）

马福永　王海燕　任兴来　刘　伟　苏鸿源　李　磊

张　利　张　磊　张晓娟　武丽娜　贾　佳　霍银群

编　　辑 李艺博　王　丹

学术顾问（按姓氏笔画排序）

王河宁　王保国　安海蓉　孙英民　李仁清　李伯谦

李嘉南　张　永　张　霆　张绍宇　陈万卿　杭　侃

郑东军　胡惠林　宫嵩涛　徐建勋　韩国河

《二里岗街道志》编纂委员会

主　　任	单书欣　郝振宇　王佰顺　马福永
副 主 任	侯娅栋　闫亚飞　江小芬　巴　京　曹莹莹
委　　员	刘　闯　杨　斌　薛新芳　王　燕　马　涛 朱姝晓　杨淑红　侯宪明　张　剑　许帅军
编　　撰	张长征　杨富州　杨艳周　何　冰　申　磊　张铁桩 刘　翼　李　潇　贾玉培　王　涵　于军鸿　蒋亚玲 王军令　李　倩　马　凯　郭真真　刘晓静　张　娟 李　芳　李　炎　马　钱　王稼祥　吴聪慧　魏文灏 靳　鸽　邢晨曦　张便利　张天民　李　勇　王　莹 卜佑文
摄　　影	马　健

序

2023年是全面贯彻党的二十大精神的开局之年，中共郑州市委党史和地方史志研究室坚持以习近平新时代中国特色社会主义思想为指导，全面贯彻党的二十大精神，在中国地方志工作办公室、中共河南省委党史和地方史志研究室的指导支持下，锚定“两个确保”、实施“十大战略”，牢记“为党立言、为国存史、为民修志”的职责使命，充分利用地方志体裁的独特优势，客观准确记述乡镇（街道）、村（社区）的历史与现状，促进满足人民文化需求和增强人民精神力量相统一，切实发挥好乡镇（街道）、村（社区）志“存史、资政、育人”功能。我室充分发掘、放大、展示郑州历史文化资源禀赋和特质、气质，扎实落实《郑州兴文化工程文化研究计划实施方案》，围绕郑州当代发展研究、郑州文化名人研究、郑州城市文化史研究、郑州重要时期的重大事件研究、郑州红色文化研究、郑州重要历史文化遗存研究、郑州重要历史文献典籍研究开展工作，相继完成了41部乡镇（街道）、村（社区）志的编纂出版工作，在积极探索基层志书编纂体制机制创新上持续发力，推动党史和方志工作高质量发展，努力打造新时代精品佳志，主要做法是：

坚持正确导向，突出时代主题。我室在乡镇（街道）、村（社区）志编纂中，力求全面、客观反映党史、新中国史、改革开放史、社会主义发展史在郑州的辉煌业绩，记录郑州从一座古老的城市发展成为国家中心城市的历史进程，阐释中华文明、中原文化在郑州这座城市的文明形态起源、嬗变和现代转型。聚焦黄河文化、商都文化、黄帝文化、河洛文化、嵩山文化和二七精神等重要的城市文化名片，我室组织编纂了管城区《东大街街道志》《西大街街道志》《城东路街道志》，二七区《德化街道志》，金水区《杜岭街道志》，上街区《峡窝镇志》《方顶村志》，巩义市《回郭镇志》《大峪沟镇志》《康店镇志》《河洛镇志》《站街镇志》《小关镇志》《米河镇志》《涉村镇志》《海上桥村志》，新郑市《孟庄镇志》《新建路街道志》，荥阳市《汜水镇志》《王村镇志》，惠济区《古荥镇志》《花园口镇志》，中牟县《雁鸣湖镇志》《黄店镇志》，新密市《刘寨镇志》，登封市《告成镇志》《中岳庙社区志》等基层志书。这批志书尝试从方志学的角度描述、分析郑州的历史和文化，讲述方志故事，凝聚城市精神，发现并彰显这些深藏在街道社区、乡村田野里的城市文化根脉。

坚持质量标准，规范编纂流程。我室认真贯彻落实《郑州市地方志工作规定》要求，明确各级党史方志工作机构与编纂单位分工负责，针对每部志稿都成立专班推进，形成了一级抓一级、层层抓落实，踏石留印、抓铁有痕的工作格局。遵循地方史志工作的基本原则，把质量视作乡镇（街道）、村（社区）志编纂的生命线，对每部志书严把政治观、史实关、体例关、文字关、出版关和印刷关。为提高编纂专业水平，我室邀请中国地方志工作办公室、中共河南省委党史和地方史志办公室指导工作，并与国内知名高校合作，采取集中培训、案例教学等形式，面向修志业务人员，结合实际答疑解惑，较好地统一了修志原则和基本规范。同时，与中国水利水电出版社紧密协作，按照中国名镇志、名街志、名村志文化工程的质量标准，开展全方位深度合作，搭建专业服务平台，合力推进精品工程建设。

拓展方志视野，创新编纂方式。我室积极适应进入“读图时代”的现代读者需求，在锤炼文字表达的同时，特别突出“图像存史”的作用。与河南省美术家协会合作，组织一批在省内乃至全国有影响的优秀画家，深入基层开展采风创作，用画笔描绘郑州美丽乡村和城市现代街区风貌。我室要求编纂单位注意对优秀美术作品的资料收集，成为熠熠生辉的亮点。中共郑州市委宣传部外宣办、河南日报新闻图片有限公司、郑州日报社及市、区县（市）摄影家协会等单位和许多优秀、敬业的摄影家，为本套丛书提供、创作了大批精彩的摄影作品，与志书篇章结构和语言文字同步配合，形成全新的图像叙事语言体系。这已不是简单的配图、插图、图文并茂，而是把图像证史、存史放在编纂方式创新的维度上来考量其价值与意义。

提高学术品质，丰富志书内涵。我室借鉴人文地理学和社会学的调查研究方法，在中原区委、区政府的支持下，组织编纂了该区《西流湖街道志》《中原西路街道志》《桐柏路街道志》《三官庙街道志》《棉纺路街道志》《绿东村街道志》《林山寨街道志》《汝河路街道志》《航海西路街道志》《须水街道志》《秦岭路街道志》《建设路街道志》12部街道志，对一个行政建置区域的政治、经济、文化、社会、生态建设状况，特别对自中华人民共和国成立以来各个历史时期的发展做了全方位的较完整记述。这些街道志组成了一个美丽的“方志拼图”，从中可以清晰地看到中原区从中华人民共和国成立初期的传统城郊农业区，形成郑州市的市级行政中心、文化中心和现代工业区，又在改革开放以来经过国企改革的华丽“蝶变”转型升级为现代化宜居宜业新城区的时空轨迹。我室还与郑州大学建筑学院合作，开展传统村落与民居保护和城市街区建筑文化专项调查，形成了一批研究成果并在编纂中予以重点展示。郑州市是中华文明探源工程、夏商周断代工程等考古研究的重点区域，拥有世界文化遗产登封“天地之中”历史建筑群和诸多国家重点文物保护单位，各类历史文化遗迹俯拾即是。在文物部门的大力支持下，我室在相关志书编纂中，注意收录考古最新发现及研究成果，以丰富志书编纂的文化内涵。

坚持统筹规划，分层扎实推进。我室坚持依法治志的基本原则，依法推进各项编纂组织管理工作。一是建章立制，科学管理。结合编纂实际，理顺管理体制和运行机制，明确了市、县区、乡镇、村在志书编纂中的各级权责，分级负责与属地管理有机结合，最大限度地形成合力、统筹推进。我室把这项工作作为一项硬任务，年初及时向市委市政府报告列入年度工作计划、列入财政预算，并与各区县（市）协商制订工作计划，按节点有序推进。二是统一规划，明确目标。在工作中要求各区县（市）本着精品至上、宁缺毋滥的原则确定选题规划，突出“名”和“特”，建立编纂项目库，集中力量，抓出精品，锻炼队伍，探索经验。三是分类指导，有的放矢。根据各区县（市）申报的选题计划，我室进行实地考察和逐一分析，建立选题库，按照年度工作计划出版。在整体过程中，实施有效的分类管理，进度服从质量，不搞“一刀切”，因地制宜，精准发力，推动这项工作积极稳妥、健康有序开展。四是重点突破，严把关口。我室以出版为时间节点，倒排工期，提出每部志书要认真把好四个关口：首先，每部志书的承编单位要严格按照既定的编纂体例完成初稿，做到篇目完整、材料充分。其次，各区县（市）党史方志工作机构要组织相关部门召开评审会，重点把好政治关、史实关，确保在民族、宗教、保密等重大问题上不出偏差，在内容材料上客观真实、准确无误。第三，由我室协同组织出版社、承编单位和专家学者，对稿件进行集中修改审定，群策群力，解决每部志书在内容、体例、语言等方面存在的问题，基本完成定稿。第四，出版社按照所签订的合作协议，编辑出版关口前移，签订协议后，提前介入每部志书的具体编纂指导、审定等工作，确保出版进度和质量。

坚持深入调研，解决实际问题。在地方志事业转型升级创新发展的进程中，转变思想观念、转变发展方式是全面的、深层次的变革。在推进郑州市名镇志、名村志、名街志文化工程工作中，我室深感地方志工作“一纳入、八到位”不能仅停留在一般性的“纳入”和“到位”上，应该以问题为导向，深入调查研究，切实解决党委政府重视支持、人力财力保障等基层反映强烈的实际问题。一是积极争取各级党委政府支持。乡镇（街道）、村（社区）志的编纂主体是市县乡各级党委政府及其地方党史方志工作机构，是“官修”而非私修。因此，编纂乡镇（街道）、村（社区）志是在各级党委政府领导和支持下、由各级地方党史方志工作机构负责牵头组织开展的。我室在调研中深刻体会到，乡镇（街道）、村（社区）志的编纂过程既是一个部门的业务推进，也是向各级党委政府汇报地方史志工作转型升级创新发展的形势任务、争取更大支持，解决实际问题的工作契机。二是切实解决好钱从哪里来。郑州市名镇志、名街志、名村志文化工程是郑州市组织推进的一项重点文化项目，我室明确不向乡镇（街道）、村（社区）基层摊派经费增加负担，按照财政分级管理的原则，积极向市政府和财政部门争取项目专项资金，解决编纂出版印刷等各项工作中的费用。各区县（市）负责组织编纂志书初稿的费用，经郑州市党史和地方史志办公室审定、出版社认可达到编辑出版要求后，由我室申请市财政审核拨付。对郑州市名镇志、名街志、名村志丛书编纂出版试行项目化资金管理，明确资金来源，严格预算管理，有助于形成一级抓一级、层层抓落实的长效工作机制。三是形成合力众手成志。要把郑州市名镇志、名街志、名村志丛书打造成为堪存堪鉴的精品志书，仅靠现有的党史方志工作机构是难以实现的。目前，乡镇（街道）、村（社区）志编纂面临的困难是多方面的，既有青黄不接、人才短缺，也有研究不足、经验匮乏。一些社会力量参与到基层志书的编纂工作中，存在着政治站位不高、政策把握不准、水平参差不齐等问题。但是在调研中也看到，社会各界对参与编纂乡镇（街道）、村（社区）志有较高的积极性、主动性，许多基层单位表示愿意借助这项工作打造文化品牌，推动当地经济社会发展。因此，在今后编纂工作中，要坚持从凝聚共识入手，着力形成团结一致、高效运转的强大合力，构建优势互补、复合型、专业化的新型协作体系。

以上是我室在郑州市名镇志、名街志、名村志文化工程中的一些尝试，不足之处敬请批评指正，以便在今后工作中认真加以改进。

中共郑州市委党史和地方史志研究室

2023 年 12 月

凡例

一、指导思想　全面深入贯彻党的二十大精神，以马克思列宁主义、毛泽东思想、邓小平理论、“三个代表”重要思想、科学发展观、习近平新时代中国特色社会主义思想为指导，坚持实事求是原则，全面、客观、系统地记述各名街发展过程和改革开放成果，保护和传承名街历史文化，激发爱国爱乡情怀，为探索中国街区建设和城市发展模式、发展道路提供历史智慧和现实借鉴。

二、质量要求　编纂质量要求参照中国地方志工作办公室印发的《地方志书质量规定》执行。在坚持志体前提下，体裁运用、篇目设置、资料选择等可作适当创新。内容记述突出名街“名”与“特”等内涵，应执简驭繁、文约事丰、易于阅读、利于普及。

三、时间断限　为全面反映名街发展演变脉络，各志上限尽量追溯至事物发端，下限一般断至各街志启动编纂年份。个别重大事项可延至搁笔。

四、记述范围　以下限年份的街区范围为主，与所述名街紧密相关的街巷可从简记述。

五、总体结构　采用纲目体，分类目、分目、条目三个层次。横排门类，纵述史实。除《中国名街志丛书参考篇目》要求的必设类目外，其余类目由各街区依照突出时代特色、地方特点的原则自行设置。

六、体裁形式　综合运用述、记、志、传、图、表、录等体裁，以志体为主。

七、语言文体　除引用原文和附录文献资料外，统一使用规范汉字及现代语体文、记述体。记事坚持秉笔直书、述而不作，寓观点于记述之中。行文力求朴实、严谨、简洁、流畅，可读性强。

八、人物载录　本志设“街区人物”类目，选录对本街区建设、发展有重大贡献或影响的著名人物，以及他们在本街区的活动。记述名人遵循“生不立传”原则。

九、图照表格　志中随文配图照，图照下附注文字说明。图照和表格统一编排序号。

十、数据　所需数据一般采用政府统计部门数据，无统计数据的选用主管部门正式发布的数据。数据应严谨、真实、准确。

十一、计量单位　按照国务院1984年2月发布的《关于在我国统一实行法定计量单位的命令》执行。历史上使用的计量单位，如斗、石、里、亩、尺、磅、华氏度等，在引文中可照录，但首次出现时应加注。

十二、纪年　中华民国以前的纪年，先书历史纪年，其后括注公元纪年。中华民国成立之后的纪年，均使用公元纪年。

志中所称“解放前（后）”，以当地解放日为界；“新中国成立前（后）”，以中华人民共和国成立日1949年10月1日为界；“改革开放前（后）”，以中共十一届三中全会召开的1978年12月为界。

十三、称谓　记事均从第三人称角度记述。人物直书姓名，必要时冠以职务或职称。地名以现行标准地名为准；使用历史地名的，首次出现时括注现行地名。各历史时期党派、团体、组织、机构、职务或职称等均以当时名称为准。称谓过长而又频繁使用的，首次出现时使用全称同时括注简称，之后使用简称。

十四、数字、标点　遵循国家标准和出版规定，志中数字书写以GB/T 15835—2011《出版物上数字用法》为准，标点符号使用以GB/T 15834—2011《标点符号用法》为准。

十五、注释　志书所用重要资料应尽量注明出处。行文中的注释一律采用当页脚下注，个别视情况可采用随文括注；附载文章于篇后注明资料来源。

十六、本凡例关于名街志编纂中的未尽事宜，可在“编纂始末”中予以说明。

目　录

概述

LOCAL RECORDS OF ERLIGANG

二里岗街道　马健　摄

二里岗街道位于管城回族区中心城区，成立于 1954 年，是管城回族区最早设立的办事处之一。辖区东起中州大道，西至城东路，南接陇海铁路，北到熊耳河，面积 3.50 平方千米，常住人口约 3.82 万人，辖 9 个社区。

一

历史悠久、底蕴深厚。1950 年秋，郑州市小学教员韩维周首先发现了二里岗一带的商代文化遗存，并采集了一部分陶片和石器。后经中央、省、市文化部门的文物机构和中国科学院考古研究所的数次调查，证实这一带的文物埋藏是重要而丰富的。1952 年秋，文化部社会文化事业管理局、中国科学院考古研究所和北京大学联合举办的第一届考古人员训练班，曾在郑州二里岗一带进行了为时一个多月的田野发掘实习，不仅发掘了商代文化遗址，而且也发现和发掘了新石器时代的龙山文化遗址。1953 年 1 月，随着二里岗一带基本建设的开展，为了配合建设进行文物保护工作，由河南省文物管理委员会和郑州市文教局组成文物发掘组。在文化部社会文化事业管理局、中国科学院考古研究所及河南省文化局的领导下，发掘业务由裴文中先生具体负责指导，开始进行二里岗一带的文物发掘工作。经过几年的调查和发掘，二里岗及周边地区地下埋藏的古代遗址、遗物有新石器时代的仰韶和龙山文化遗址、商代遗址、周代遗址以及历代古墓葬等。位于辖区陇海马路东段两侧的二里岗遗址，原是一个高出周围平地 5 ~ 10 米的土岗，经过大规模的考古发掘，出土商代早期房基、窖穴、壕沟、水井、墓葬、祭祀坑及一大批铜、石、玉、骨、蚌、角、陶、原始青瓷器及刻字骨、卜骨等，是 3500 年前的典型遗存。考古界以该遗址命名了二里岗文化。

二

位置优越，交通便利。陇海铁路贯穿二里岗街道，圃田西站落户辖区，始建于 1953 年 8 月，当时名为郑州东站，位于辖区货站街 142 号，最初是三等车站，1956 年晋升为二等车站，1982 年 3 月晋升为特等站，1997 年 9 月，成为全国铁路特大型集装箱基地和国内最大的国际集装箱公路铁路联运货场，1997 年 11 月，被国务院批准为国家一类口岸，成为国家内陆铁路货运一类口岸。2012 年，随着新郑州东站建成使用，郑州东站

陇海铁路　马健　摄

20世纪90年代的郑州东站 圃田西站 供图

更名为圃田西站。辖区东西向市政道路有货站街、陇海东路、青年路、凤凰路、郑汴路，南北向有城东路、货站北街、东明路、未来路、玉凤路等。20余条公交线路，地铁3号线、6号线、K2线（规划中）途经辖区。

转型提速，集群发展。中华人民共和国成立后，街道发挥区位优势，发展汽车、机械、食品加工等工业企业。以郑州毛巾床单厂、郑州冶金工具厂、郑州玻璃厂、郑州客车修配厂、郑州电焊条厂、郑州电力机械厂、郑州第二面粉厂等为代表的一批国有企业快速发展。改革开放后，广大干部群众解放思想，发扬敢想、敢干、敢闯的精神，街办企业蓬勃发展。1992年，市场活力得到进一步释放，郑州宇通客车股份有限公司、郑州海嘉食品有限公司、河南中博家具中心、郑州厨具市场、河南裕丰国际酒店用品城等重点企业和大型专业市场兴起，并逐步发展壮大。兴亚商务大厦、永茂世纪大厦等商务楼宇融合区域产业联动发展，形成辖区经济发展新的增长点。2012年以来，着力构建“一街两圈三区”（一街：未来路红木一条街；两圈：郑汴商圈、夜经济生活圈；三区：医药产业集聚区、红木产业集聚

二里岗新型城镇化建设　马健　摄

区、专业市场集聚区）经济发展格局，形成了未来路红木展销一条街及以河南省医药有限公司等为代表的医药产业集聚区等特色街区。

推进建设，提升品质。2014 年，启动中博集团（原杨庄村）城中村改造项目。截至 2022 年年底，槐林新村地块已完成回迁工作，晋王庙村地块、杨庄村地块已完成主体建设，汽车城地块开始桩基施工，珑誉园项目主体完工。从 2018 年起，先后启动货站街东明路片区、凤凰悦园 2 个旧城改造项目。至 2022 年年底，凤凰悦园项目基本完工。2019 年，二里岗街道围绕城市高质量发展，统筹推进道路综合提升及老旧小区改造项目。截至 2022 年年底，完成未来路、城东路、陇海路、郑汴路 4 条道路综合提升和凤凰路 7 号院、货站北街 17 号院、东明路 19 号院等 48 个老旧小区改造工作，改造面积达 40 万平方米，惠及居民 4761 户。二里岗街道实现城区融合发展，辖区面貌焕然一新，增强了居民的幸福感和自豪感。

三

党建引领，凝聚力量。党的十八大以来，二里岗街道把深入学习贯彻习近平新时代中国特色社会主义思想作为首要政治任务，以党的建设高质量推动经济发展高质量，认真开展“两学一做”“不忘初心、牢记使命”“党史学习教育”等主题教育，扎实推进“能力作风建设年”“五星支部创建”等工作，先后投入2000余万元升级改造辖区9个党群服务中心，开展党员活动日、“百问百解”等特色活动，打造“党建微家”“红色传统文化周”等一批党建品牌，为推进二里岗街道经济社会发展提供坚强的组织保障。截至2022年年底，党工委辖党组织32个，党员1418人。其中机关党组织1个，社区党组织9个，“两新”党组织22个，党组织和党建工作覆盖率达100%。

增进福祉，改善民生。二里岗街道始终坚持以人民为中心的发展理念，将保障和改善民生作为初心使命的根本体现，聚焦群众关切，不断提升民生服务精准化、精细化水平。逐年制定为民承诺办实事和社区服务群众项目，建设老年人日间照料中心9个、街道级综合养老服务中心1个、儿童微乐园和老年人室外活动区9个、垃圾分类设施28个。辖区有初中1所、小学2所、幼儿园6所。拥有二里岗社区卫生服务中心等医

辖区幼儿园课间活动　马健　摄

东明路社区群众文艺表演队伍 马健 摄

宇通花园社区居民生活 马健 摄

疗机构，实现基层医疗卫生服务网络全覆盖。实施文化惠民工程，加快社区综合文化站基层公共文化基础建设，建成街道、社区两级新时代文明实践阵地 1 所 9 站，组建太极拳、舞蹈、合唱等各类群众文艺表演队伍，有效提升公共文化服务能力，丰富群众精神文化生活。

二里岗街道围绕贯彻落实党的二十大精神，高举习近平新时代中国特色社会主义思想伟大旗帜，以人民对美好生活的向往为奋斗目标，坚定理想信念，不断凝聚提速“古都新生”的磅礴动能，努力建设“宜居宜业”美丽二里岗，为郑州国家中心城市现代化建设贡献力量。

基本街情

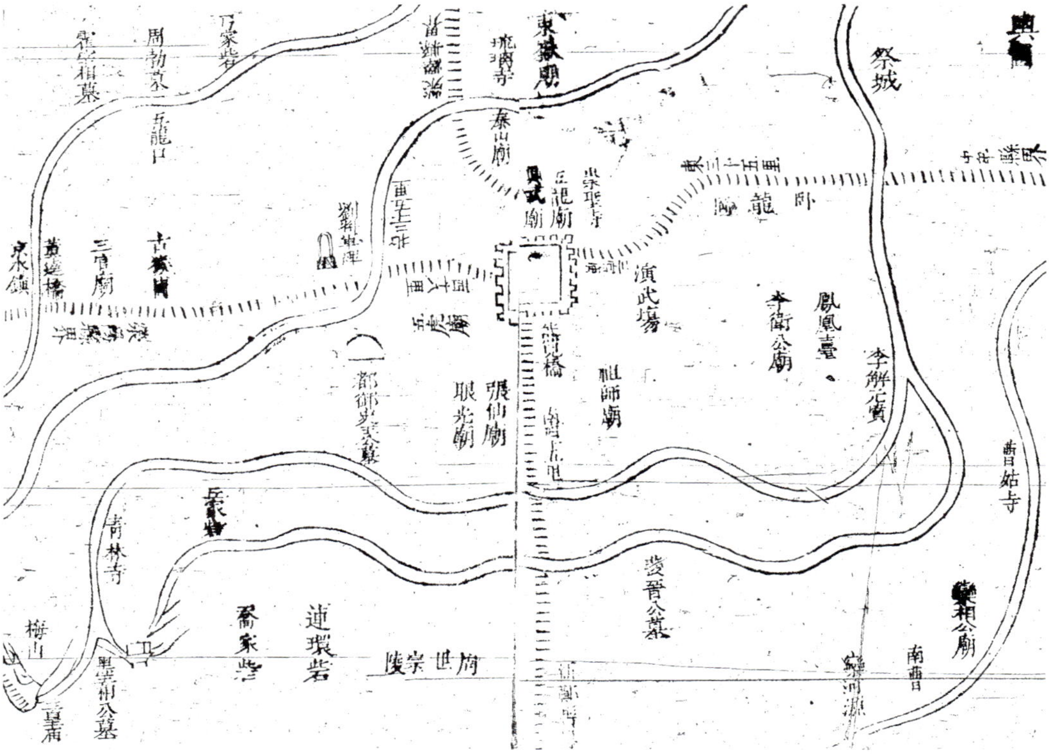

康熙《郑州志》中的二里岗街道

历史沿革

街名由来

本地区原是高出地面 5 ~ 10 米的一个沙土岗，因距郑州旧城区约二华里（1000 米），故称二里岗。

属　地

1948 年 10 月，属郑州市第一区陈庄乡公所二里岗村。

1949 年 12 月，属郑州市第四区陈庄乡公所二里岗村。

1950 年 4 月，属郑州市郊区凤凰台乡二里岗村。

1953年9月，属郑州市人民政府农村工作办事处第八区凤凰台乡二里岗村。

1954年5月，属郑州市第一区二里岗街人民政府。

1955年10月，属郑州市陇海区二里岗街人民政府。

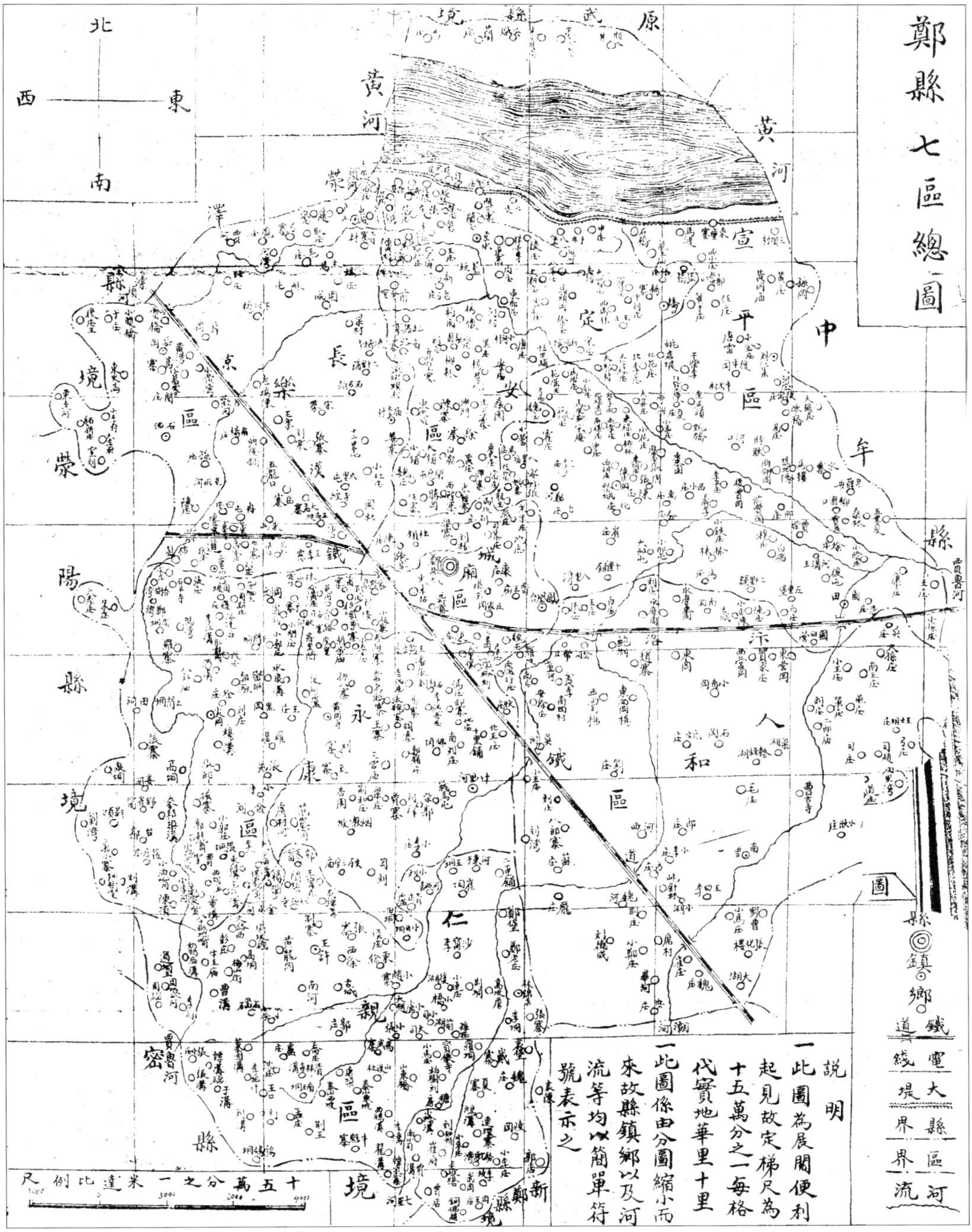

民国《郑县志》二里岗街道位置图

1956 年 2 月，属郑州市陇海区二里岗街道办事处。

1958 年 8 月，属郑州市管城区二里岗街道办事处。

1958 年 9 月，属郑州市管城回族区南关人民公社。

1959 年 3 月，属郑州市管城回族区联社管理委员会。

1960 年 6 月，属郑州市红旗人民公社二里岗分社。

1961 年 5 月，属郑州市管城区二里岗街道办事处。

1966 年 5 月，属郑州市向阳区二里岗街道办事处。

1968 年 3 月，属郑州市向阳区革命委员会二里岗街道办事处革命委员会。

1980 年 12 月，属郑州市向阳区二里岗街道办事处。

1981 年 11 月，属郑州市向阳回族区二里岗街道办事处。

1983 年 6 月，属郑州市管城回族区二里岗街道办事处。

区　划

1954 年 5 月，二里岗街人民政府成立，辖铁路新村、杨庄、货站街、搬运新村、二里岗 5 个居民委员会。

1980 年 8 月，二里岗街道办事处成立 4 个居民委员会，分别为凤凰路居民委员会、二里岗大道居民委员会、货站街第二居民委员会、铁路新村第二居民委员会。

1981 年，二里岗街道办事处成立城东路居民委员会。货站街居民委员会更名为货站街西段居民委员会；货站街第二居民委员会更名为货站街东段居民委员会。辖 10 个居民委员会。

1985 年 8 月，铁路新村居民委员会更名为货站街铁路家属院西居民委员会；铁路新村第二居民委员会更名为货站街铁路家属院东居民委员会；搬运新村居民委员会更名为城东路交通运输居民委员会；货站街西段居民委员会更名为货站街水利厅机械厂居民委员会；货站街东段居民委员会更名为货站街东仓居民委员会。

1988 年，辖货站街铁路家属院西、货站街铁路家属院东、杨庄、货站街水利厅机械厂、货站街东仓、城东路交通运输、城东路、凤凰路、魏庄东里、郑汴路、石化路铁路东站家属院共 11 个居民委员会。

2000 年 3 月，魏庄东里、石化路铁路东站家属院 2 个居民委员会划属紫荆山南路街道办事处，郑汴路居民委员会划属东大街街道办事处；货站街水利厅机械厂居民委员会更名为货站街西段居民委员会；成立东明路南段居民委员会。辖货站街铁路家属院西、货站街铁路家属院东、杨庄、货站街西段、货站街东仓、城东路交通运输、城东路、凤凰路、东明路南段共 9 个居民委员会。

2001 年 10 月，下辖 9 个居民委员会改为 6 个社区。货站街铁路家属院西、货站街铁路家属院东 2 个居民委员会合并为铁路新村社区居民委员会；城东路交通运输、城东路 2 个居民委员会合并为城东路社区居民委员会；凤凰路、东明路南段 2 个居民委员会合并为凤凰路社区居民委员会；货站街西段居民委员会改为货西社区居民委员会；货站街东仓居民委员会改为货东社区居民委员会；杨庄居民委员会改为杨庄社区居民委员会。

2003 年 9 月，凤凰路社区居民委员会划分为凤凰路社区居民委员会、东明路社区居民委员会。

2004 年 5 月，成立紫云社区居民委员会。

2005 年年底，辖铁路新村、城东路、凤凰路、货东、货西、杨庄、东明路、紫云共 8 个社区。

2009 年 8 月，成立燕归园社区居民委员会。辖 9 个社区。

二里岗街道办事处所辖社区示意图

2012年7月，货东、紫云2个社区合并为紫云社区；货西、铁路新村2个社区合并为铁路新村社区。辖铁路新村、城东路、凤凰路、杨庄、东明路、紫云、燕归园共7个社区。

2015年8月，成立宇通花园社区居民委员会。辖8个社区。

2020年3月，成立中博社区居民委员会。

截至2022年年底，辖铁路新村、城东路、凤凰路、杨庄、东明路、紫云、燕归园、宇通花园、中博共9个社区。

社　区

铁路新村社区　铁路新村社区于2001年成立，东至东明路、南至陇海铁路桥、西至城东路、北至货站街，总面积0.3平方千米。社区共有居民楼院10个，居民1901户4800余人，其中常住人口3826人。公共单位6个，沿街门店43间。社区党委下设4个党支部。该社区是全国综合减灾示范社区、河南省科普示范社区。

城东路社区　城东路社区于2001年成立，东至货站北街、南至陇海东路、西至城东路、北至凤凰路，总面积0.36平方千米。社区共有居民楼院13个，居民1421户4884人，其中常住人口3387人。公共单位9个，沿街门店40余间。社区党总支下设2个党支部。

铁路新村社区　马健　摄

城东路社区 马健 摄

凤凰路社区 凤凰路社区于2001年成立，东至东明路、南至凤凰路、西至城东路、北至郑汴路，总面积0.24平方千米。社区共有居民楼院16个，居民2787户9736人，其中常住人口6090人。公共单位3个，农贸市场1个，沿街门店180余间。社区党委下设3个党支部。

凤凰路社区 马健 摄

杨庄社区 杨庄社区于2001年成立，东至未来路、南至陇海东路、西起杨庄村、北至凤凰路，总面积0.46平方千米。社区共有居民楼院12个，1个都市村庄（杨庄村，已拆迁），居民1748户5121人，其中常住人口3365人。公共单位3个，酒店用品市场1个、厨具批发市场1个，沿街门店173间。社区党总支下设2个党支部。

东明路社区 东明路社区于2003年成立，东至未来路、南至凤凰路、西至东明路、北至郑汴路，总面积0.32平方千米。社区共有居民楼院9个，居民2060户5749余人，其中常住人口3929人。公共单位4个，沿街门店93间。社区党总支下设3个党支部。

紫云社区 紫云社区于2004年成立，东至凤台西街、南至铁路桥、西至东明路、北至陇海路，总面积0.34平方千米。社区共有居民楼院10个，居民2567户6005人，其中常住人口4980人。公共单位6个，沿街门店89间。社区党总支下设2个党支部。

杨庄社区 马健 摄

东明路社区　马健　摄

紫云社区　马健　摄

燕归园社区 燕归园社区于2009年成立，东至中州大道、南至陇海铁路、西至凤台西街、北至货站街，总面积0.49平方千米。社区共有居民楼院14个，居民2852户7176人，其中常住人口5425人。公共单位16个，其中仓储物流单位14家，沿街门店80余间。社区党总支下设2个党支部。该社区是全国综合减灾示范社区、河南省首批示范“妇女之家”、郑州市文明社区、郑州市民主法治社区。

宇通花园社区 宇通花园社区于2015年成立，东至东明路、南至货站街、西至城东路、北至陇海东路，总面积0.45平方千米。社区共有居民楼院12个，居民2046户6108人，其中常住人口4478人。公共单位7个，沿街门店160间。社区党总支下设2个党支部。

中博社区 中博社区于2020年成立，东至玉凤路以西、南至青年路以北、西至未来路以东、北至熊耳河以南，总面积0.4平方千米。社区共有居民楼院4个，居民1650户2670人，其中常住人口1980人。公共单位2个，大型市场2个，沿街门店50余间。社区党支部现有1个。

燕归园社区 马健 摄

宇通花园社区　马健　摄

中博社区　马健　摄

区 位

自然地理

区 位 二里岗街道位于郑州市管城回族区中心城区，地理坐标为北纬 34°73′、东经 113°69′。

气 候 辖区属北温带大陆性季风气候。春旱多风，冷暖无常；夏热多雨，水热同期；秋凉清爽，日照充足；冬寒干燥，风多雪少，四季分明。全年平均气温一般在 12 ~ 16℃

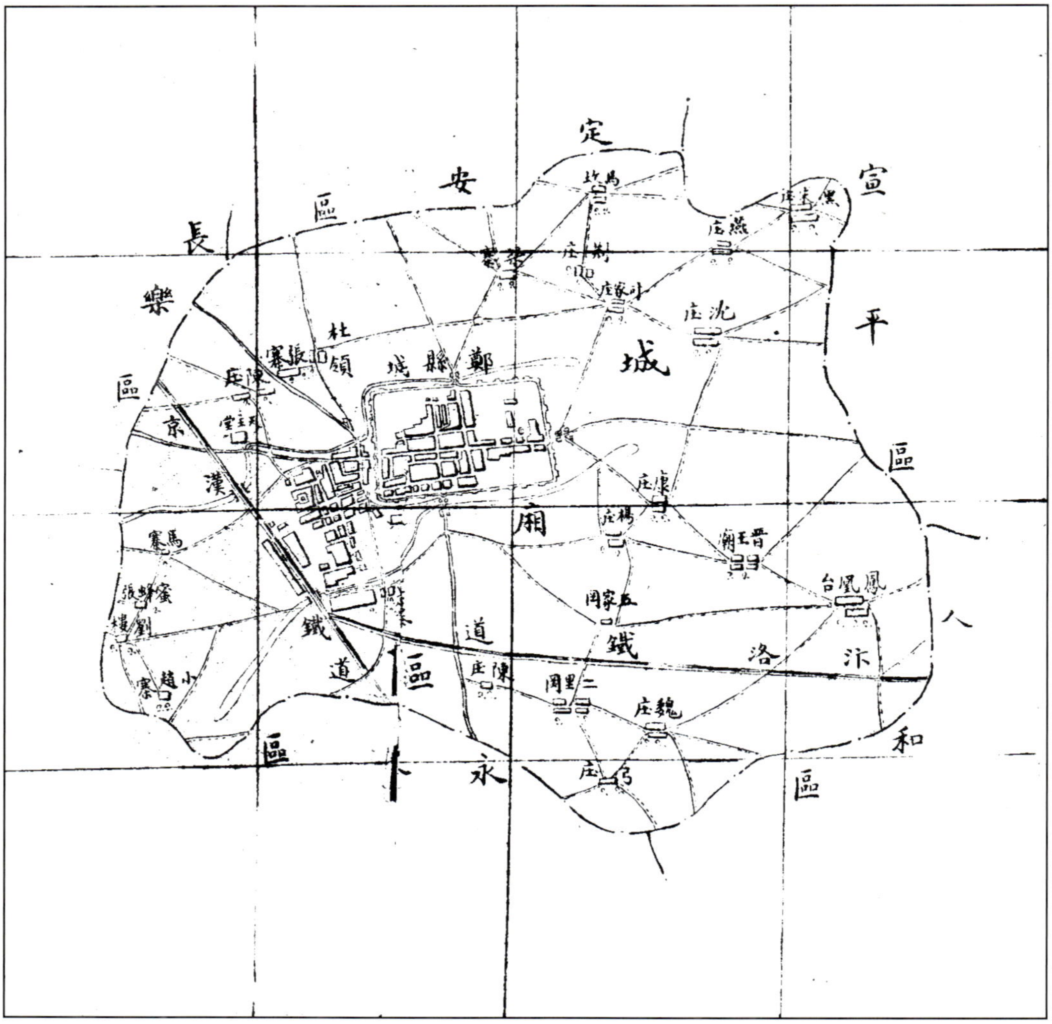

民国《郑县志》中的二里岗街道

熊耳河 马健 摄

之间。全年无霜期从北往南为 180 ~ 240 天。年平均降水量为 500 ~ 900 毫米，全年 50% 的降水集中在夏季。

地　形　辖区地势西南向东北倾斜，较为平缓，坡度为 15°~ 25°，海拔为 100 ~ 140 米。

河　流　熊耳河自西南向东贯穿辖区，流经中博社区，长约 1 千米。2002 年 5 月，郑州市政府对熊耳河进行了综合治理。

交通地理

凤凰路、陇海路、货站街等东西干道与城东路、东明路、未来路等南北干道纵横交错形成十字形交通网络；地铁 3 号线、6 号线、K2 线（规划中）及多条公交线路途经辖区。陇海铁路和陇海快速路贯穿辖区。距郑州汽车客运总站 4.40 千米，距郑州火车站 4.80 千米，距郑州东站 9.20 千米，距新郑机场 33 千米。

未来路货站街交叉口　马健　摄

陇海快速路贯穿辖区　马健　摄

政治地理

二里岗街道办事处位于城区中心位置，距郑州市政府6.70千米，距管城回族区政府2.60千米。管城回族区文化旅游体育局和管城回族区市场监督管理局在辖区内。

经济地理

二里岗街道位于郑州市新老城区交汇处，西临商都历史文化核心板块，东部衔接郑东新区。医药、家具、厨具、房地产等产业规模化发展，郑汴商圈产业集群逐步壮大，辖区产业转型升级空间大。

郑州厨具市场　马健　摄

家具产业园 马健 摄

居 民

人口总量

1982 年，第三次全国人口普查，辖区总人口为 17768 人，其中男 9613 人、女 8155 人。

1990 年，第四次全国人口普查，辖区共有 5253 户 15697 人，其中男 7956 人、女 7741 人。年龄构成为：0 ~ 14 岁 2564 人，约占总人口的 16.33%；15 ~ 64 岁 10988 人、约占总人口的 70%；65 岁及以上 2145 人，约占总人口的 13.67%。

2000 年，第五次全国人口普查，辖区共有 6982 户 19203 人，其中男 9920 人、女 9283 人。年龄构成为：0 ~ 14 岁 3365 人，约占总人口的 17.52%；15 ~ 64 岁 13690 人、约占总人口的 71.29%；65 岁及以上 2148 人，约占总人口的 11.19%。

2010 年，第六次全国人口普查，辖区共有 11596 户 36520 人，其中男 19260 人、女 17260 人。年龄构成为：0 ~ 14 岁 4215 人，约占总人口的 11.54%；15 ~ 64 岁 26038 人，约占总人口的 71.30%；65 岁及以上 4711 人，约占总人口的 12.90%。

2020 年，第七次全国人口普查，辖区共有 21290 户 54057 人，常住人口 38244 人，其中男 19218 人、女 19026 人。年龄构成为：0 ~ 14 岁 6707 人，约占常住人口的 17.54%；15 ~ 59 岁 26052 人，约占常住人口的 68.12%；60 岁及以上 5484 人，约占常住人口的 14.34%。

民族构成

截至 2022 年年底，辖区内有回族、满族、蒙古族、彝族、壮族、白族、土家族、东乡族、黎族、傣族、拉祜族、傈僳族、维吾尔族等少数民族人口共 989 人，约占辖区总人口的 1.80%。

主要姓氏

第七次人口普查显示，现有杨姓 5575 人、王姓 4455 人、李姓 4172 人、张姓 3994 人、刘姓 2482 人、陈姓 1428 人、赵姓 1320 人、马姓 1030 人。

居民生活

衣

中华人民共和国成立前，辖区居民的衣服及所用布料多为自己加工，服装款式单一。中华人民共和国成立后，随着人民生活水平的提高，特别是改革开放后纺织工业快速发展，居民衣着变化很大，布料花色、品种丰富，衣服款式也逐渐多样化。

20 世纪 80 年代，男女服装衣料盛行毛呢，或毛、棉和化纤混纺，纯棉布越来越少，各种浅色的布料和服装增多，蓝青色中山装、列宁服基本退出历史舞台。

20 世纪 90 年代初，男性流行穿西服，女性流行穿裙装。90 年代中后期，服装款式更加多样化，服装以休闲和舒适为主，面料质地由化纤类向纯棉、毛料类转化。人们春秋季穿西服、夹克衫、套裙、牛仔服、休闲服等；夏季穿 T 恤衫、衬衣、背心、短裙等；冬季穿保暖内衣、毛衣、羽绒服、皮衣等。

进入 21 世纪，服装的主要作用已经不仅是御寒，还是一种个性魅力的体现。互联

20 世纪 50 年代辖区居民老照片　二里岗街道办事处　供图

20 世纪 80 年代初辖区居民老照片
二里岗街道办事处　供图

网的发展使人们获取各类时尚资讯变得畅通无阻，人们从简单地跟随潮流到引领潮流，不同的服装款式逐渐和文化相互融合。年轻人注重衣服的新潮与时髦，中老年人注重衣服的质地、款式与舒适度。除到商场、专卖店购买衣服外，网购也成为越来越多人的选择。

二里岗街道居民生活之一　马健　摄

二里岗街道居民生活之二　马健　摄

二里岗街道居民生活之三　马健　摄

二里岗街道居民生活之四　马健　摄

食

中华人民共和国成立前，辖区农作物主要有小麦、玉米、高粱、谷子和薯类。大米多从外地运来，价格太高，群众吃不起，就用玉米加工成窝窝头，作为主食。平时为数不多地能吃到粗细掺半的花卷馍，很少吃得起白面馍。中华人民共和国成立后，情况大为改观。

20 世纪 80 年代，饮食追求主要是吃饱，主食为粗细粮食搭配，副食以猪肉及白菜、萝卜等为主。

20 世纪 90 年代，饮食习惯由“温饱型”逐步转向“营养型”，讲究营养均衡、合理配餐。1992 年，郑州市粮食和农副产品市场全面放开后，城乡居民一度出现主食由粗细结合转向全部吃细粮的现象。90 年代后期，人们食物消费观念发生转变，注重食物中的热量、蛋白质含量等，进行粗细搭配、合理饮食。

进入 21 世纪，多数家庭以“细菜”西红柿、黄瓜、豆角、芹菜、蘑菇等为主，牛羊肉、蛋禽类等消费量大幅度增加，油类消费以植物油为主，苹果、香蕉、芒果、荔枝、桂圆等

辖区超市生鲜区 马健 摄

干鲜果和奶类饮料成为居民日常消费的食品，各种面点、糕点、糖果、罐头等食品消费量显著增加。而如今，膳食结构从单一的吃饱发展到既讲荤素搭配又注重粗细结合，食品更追求营养、健康，各种保健、绿色、有机食品等进入寻常百姓家庭的餐桌。特别是随着互联网电子商务和物流业的快速发展，网上订餐、零售送货上门等新业态的出现，不仅能让居民尽享来自世界各地的美味，也可以满足不同人群的需求。

住

中华人民共和国成立前，辖区居民把房子视为一项主要的传世家业，一般人家节衣缩食、积攒半生就为盖所新房。20 世纪 80 年代，辖区职工住房多为按政策分配的公有房屋，本地居民居住的多为自建房屋，条件简陋且拥挤。

20 世纪 90 年代，各单位自筹资金或集资建设家属院，居民住房面积逐年扩大，小区环境得到改善，装修逐步升级。90 年代中后期，建设了一批适合不同需求的商品房小区，商品房建设过程中，注重小区规模、环境及各项配套设施，辖区居民住房条件明显改善。

21 世纪以来，商品房建设物业形态由多层向高层发展，建筑面积由“实用型”向

二里岗街道商品房 马健 摄

宽松、舒适的“改善型”延伸，对居住环境要求越来越高。房屋装饰装修也随之盛行，全屋定制、智能化家居等进入普通百姓家庭。除了商品房，为改善城市中低收入家庭的住房条件，政府推出经济适用房、廉租房、租赁式住房、保障性租赁式住房等补贴性住房。

行

中华人民共和国成立前，辖区居民出行大多依靠步行，仅个别富裕家庭有自行车。

20 世纪 80 年代，出行主要交通工具是自行车和公交车。

20 世纪 90 年代初，摩托车明显增多。90 年代中后期，小汽车开始进入寻常百姓的家庭，到 21 世纪初已呈普及之势。

21 世纪以来，出行更加便利，市内出行有电动车、摩托车、小汽车、公交车、地铁、出租车等可供选择，远程出行可选择飞机、高铁等交通工具实现快速到达。另外，还有共享单车、共享汽车、网约车等出行方式满足个性化需求。

现代出行工具——小汽车　马健　摄

陇海铁路和谐号动车　马健　摄

社会保障

救济救灾

2005 年，组织开展慈善日捐款活动，捐款总计 19089 元；捐助衣物 2300 多件。

2006 年，组织开展慈善日捐款活动，捐款总计 17379 元；为特困户、残疾人发放面粉、食用油等物品，价值 10000 元。

2007 年，救助困难群众 119 户 240 人，发放救助金 270320 元。

2008 年，组织开展向汶川地震灾区捐款活动，捐款总计 1236800 元，其中机关、社区、企业党员交纳“特殊党费”63200 元。

2009 年，组织开展慈善日捐款活动，捐款总计 15522 元。

2010 年，组织开展向玉树地震灾区捐款活动、慈善日捐款活动，捐款总计 26860 元。

2011 年，组织开展慈善日捐款活动，捐款总计 613000 元；“助残日”活动为残疾人发放轮椅 6 辆，对 2160 名残疾人进行了“残疾人社会保障和服务状况普查”，对其中 630 人进行了“康复需求普查”。

二里岗街道为玉树地震募捐 二里岗街道办事处 供图

2012年，组织开展慈善日捐款活动，捐款总计27851元；“助残日”活动为残疾人发放轮椅25辆，协助办理二代残疾证20人，为特困残疾户3户发放助残金10500元；为2名特困学生发放助学金1000元，为12名低保家庭精神病患者办理医疗救助，发放救助金6600元。

2013年，组织开展慈善日捐款活动，捐款总计133200元；“助残日”活动募集捐款17487元；为13名低保家庭精神病患者办理医疗救助，发放救助金7800元。

2014年，组织开展慈善日捐款活动，捐款总计140000余元；“助残日”活动募集捐款17230元，为残疾人发放轮椅16辆；为1名特困大学生发放助学金5000元，为11户低保家庭精神病患者办理医疗救助，发放救助金12600元。

2015年，组织开展慈善日捐款活动，捐款总计146930元；“助残日”活动为残疾人发放轮椅15辆、助视器12个、米面油15套，为12名贫困残疾人发放救助金共计12000元，并发放蚕丝被等家庭生活用品。

2016年，组织开展慈善日捐款活动，捐款总计139400元；“助残日”活动为残疾人发放轮椅19辆、助视器19个、米面油15套，为12名贫困残疾人发放救助金共计12000元，为317名残疾人办理保险，为40名残疾人安排就业培训，为4名残疾人发放燃油补贴；为10名低保家庭精神病患者办理医疗救助，发放救助金6000元。

2017年，组织开展慈善日捐款活动，捐款总计272025元；“助残日”活动为317名残疾人办理保险，为45名残疾人安排就业培训，完成残疾人动态更新服务电脑录入304人、精准康复服务电脑录入350人，完成精准康复服务卡发放158人，发放残疾人康复器具25个，为重度残疾人和精神、智力三级残疾人共31人发放特殊生活补贴111600元，为困难残疾人85人和低保残疾人49人发放补贴共计86380元；为13人发放大病慈善救助款，每人3000元，共计39000元。

2018年，组织开展慈善日捐款活动，捐款总计134807元；“助残日”活动为残疾人发放轮椅5辆、助行器4个、沐浴椅3把、坐便椅3把、盲表21个，为一级听力残疾人配备进口助听器1个，二级、三级听力残疾人配备助听器14个，为23名残疾人申报精准康复服务辅助器，为147名残疾人办理“关爱卡”；为33名非低保类精神和智力三级重度残疾人发放生活补贴237600元；为11名低保家庭精神病患者办理医疗救助，发放救助金13200元。

2019年，组织开展慈善日捐款活动，捐款总计200325元；“助残日”活动为23名残疾人申报精准康复服务辅助器并配发盲表，为 12 名贫困残疾人申请救助，为 1 名残疾人申请通信补贴，为 30 名残疾人发放精准服务卡；为 11 名低保家庭精神病患者办理医疗救助，发放救助金 13200 元；为 14 人发放大病慈善救助款，每人 3000 元，共计 42000 元。

2020 年，组织开展慈善日捐款活动，捐款总计 284383 元；“助残日”活动为 24 名残疾人发放干果、大米、油、被子等物品，为 26 名残疾人发放轮椅、盲杖、沐浴椅等辅助器具，为 53 名残疾人发放新残疾证，为 11 名残疾人办理“关爱卡”，为 81 名听力、视力、言语残疾人发放通信补贴 29160 元，为 152 名残疾人发放补贴 193200 元，为 43 名贫困残疾人发放慈善救助卡 25800 元，为重度残疾人发放特殊生活补贴 274560 元；为 13 名低保家庭精神病患者办理了医疗救助，发放救助金 15600 元；为 14 人发放大病慈善救助款，每人 3000 元，共计 42000 元。

2021 年，组织开展慈善捐款活动，捐款总计 197000 元；救助困境儿童 26 名，共计发放资金 12100 元，发放 26 套棉麻软凉席、夏被等物资，临时救助 1 人共计 2000 元。“助残日”活动为 17 名残疾人发放大米、油、水果等物品，为重度残疾人 105 人发放护理补贴 126000 元，为 41 名困难残疾人发放生活补贴 59040 元，为 33 名残疾人发放特殊生活补贴 293040 元，为 31 名残疾人发放轮椅、盲杖、沐浴椅辅助器具，为 13 名低保家庭精神病患者办理了医疗救助，发放救助金 15600 元，为 20 名贫困残疾人发放慈善救助卡 12000 元，为 89 名听力、视力、言语残疾人发放通信补贴 32040 元。

2022 年，组织开展慈善捐款活动，捐款总计 64129 元。救助困境儿童 29 名，共计发放资金 34000 元，发放 29 套纯棉三件套、春秋被等物资；困难大学新生慈善助学 3 人，发放资金共计 1500 元；临时救助 1 人共计 1000 元。“助残日”活动为 39 名残疾人发放轮椅、盲杖、沐浴椅等辅助器具，为 81 名听力、视力、言语残疾人发放通信补贴 29160 元，为 20 名贫困残疾人发放慈善救助卡 12000 元，为 111 名重度残疾人发放护理补贴 133200 元，为 38 名困难残疾人发放生活补贴 54720 元，为 42 名重度残疾人发放特殊生活补贴 378000 元，为 12 名低保家庭精神病患者办理了医疗救助，发放救助金 14400 元。

低保扶贫

2005 年，为 139 户 304 人发放低保金及补贴 286558 元。

2006 年，为 119 户 240 人发放低保金及补贴 270320 元。

2007年，为102户206人发放低保金及补贴329890元。

2008年，为87户172人发放低保金及补贴344853元。

2009年，为80户146人发放低保金及补贴304570元。

2010年，为84户155人发放低保金及补贴370950元。

2011年，为81户139人发放低保金及补贴464034元。

2012年，为72户113人发放低保金及补贴499314元。

2013年，为75户104人发放低保金及补贴552974元。

2014年，为77户100人发放低保金及补贴499274元。

2015年，为82户101人发放低保金及补贴523508元。

2016年，为85户102人发放低保金及补贴583626元。

2017年，为80户98人发放低保金及补贴705600元。

2018年，为80户94人发放低保金及补贴710640元。

2019年，为81户97人发放低保金及补贴814800元。

2020年，为77户94人发放低保金及补贴790830元。

2021年，为78户96人发放低保金及补贴850309元。

2022年，为63户79人发放低保金及补贴739417元。

社会保险

2007年，实施城镇居民医疗保险制度，办理城镇居民医疗保险4487人。

2008年，办理城镇居民医疗保险7760人。开始实施城乡居民养老保险制度，办理城乡居民养老保险398人。

2009年，办理城镇居民医疗保险1630人，办理城乡居民养老保险278人。

2010年，办理城镇居民医疗保险905人，办理城乡居民养老保险206人。

2011年，办理城镇居民医疗保险920人，办理城乡居民养老保险365人。

2012年，办理城镇居民医疗保险1250人，办理城乡居民养老保险204人。

2013年，办理城镇居民医疗保险525人，办理城乡居民养老保险80人。

2014年，办理城镇居民医疗保险1169人，办理城乡居民养老保险38人。

2015年，办理城镇居民医疗保险655人，办理城乡居民养老保险20人。

2016年，办理城镇居民医疗保险230人，办理城乡居民养老保险18人。

2017年，整合城镇居民基本医疗保险和新型农村合作医疗两项制度，实施统一的城乡居民基本医疗保险。办理城乡居民医疗保险210人，办理城乡居民养老保险24人。

2018年，办理城乡居民医疗保险237人，办理城乡居民养老保险18人。

2019年，办理城乡居民医疗保险357人，办理城乡居民养老保险16人。

2020年，办理城乡居民医疗保险544人，办理城乡居民养老保险19人。

2021年，办理城乡居民医疗保险444人，办理城乡居民养老保险21人。

2022年，办理城乡居民医疗保险441人，办理城乡居民养老保险14人。

就业服务

2003年，成立劳动保障事务所和6个社区劳动保障服务站。

2004年，实现就业、再就业1018人，办理发放“再就业优惠证”56本，组织开展电脑培训活动，培训130人。

2005年，实现就业、再就业1207人，办理发放“再就业优惠证”66本，组织开展电脑培训活动，培训185人。

2006年，实现就业、再就业1285人，办理发放“再就业优惠证”82本，组织开展电脑、市场营销等技能培训活动，培训226人。

2007年，实现就业、再就业1305人，办理发放“再就业优惠证”82本，组织开展电脑培训活动，培训260人。

2008年，实现就业、再就业1252人，办理发放“再就业优惠证”53本，组织开展电脑、美容美发等技能培训活动，培训96人。

2009年，实现就业、再就业1322人，组织开展电脑培训活动，培训139人。

2010年，实现就业、再就业1395人，办理“就失业登记证”81本，组织开展电脑、美容美发、家政等技能培训活动，培训93人。

2011年，实现就业、再就业1442人，办理“就失业登记证”150本，组织开展电脑、美容美发、厨师、创业等技能培训活动，培训158人。

2012年，实现就业、再就业1575人，办理“就失业登记证”275本，组织开展创办、改善企业培训活动，培训40人。

2013年，实现就业、再就业1245人，办理“就失业登记证”261本，组织开展创业培训活动，培训47人。

2014年，实现就业、再就业2279人，办理“就失业登记证”228本，组织开展电脑、美容美发、厨师、创业等技能培训活动，培训112人。

2015年，实现就业、再就业1910人，办理“就失业登记证”76本，组织开展电脑、美容美发、厨师、创业等技能培训活动，培训114人。

2016年，实现就业、再就业1818人，办理“就失业登记证”26本，组织开展电脑、美容美发、厨师、创业等技能培训活动，培训90人。

2017年，实现就业、再就业1934人，办理“就失业登记证”105本，组织开展电脑、美容美发、厨师、创业等技能培训活动，培训130人。

2018年，实现就业、再就业1600人，办理“就失业登记证”106本。

2019年，实现就业、再就业1761人，办理“就失业登记证”72本。

2020年，实现就业、再就业2260人，办理“就失业登记证”37本。

2021年，实现就业、再就业2725人，办理“就失业登记证”45本。

2022年，实现就业、再就业2062人，办理“就失业登记证”70本。

离退休管理

2003年，成立离退休人员社会化管理服务所，下辖社区分别成立退管站。

2004年，新增企业离退休人员1185人，重大节日期间慰问离退休特困人员45人次。

2005年，新增企业离退休人员845人，重大节日期间慰问离退休特困人员56人次。

2006年，新增企业离退休人员750人，重大节日期间慰问离退休特困人员59人次。

2007年，新增企业离退休人员605人，重大节日期间慰问离退休特困人员69人次。

2008年，新增企业离退休人员140人，重大节日期间慰问离退休特困人员69人次。

2009年，新增企业离退休人员169人，重大节日期间慰问离退休特困人员81人次。

2010年，新增企业离退休人员115人，重大节日期间慰问离退休特困人员103人次。

2011年，新增企业离退休人员302人，重大节日期间慰问离退休特困人员84人次。

2012年，新增企业离退休人员51人，重大节日期间慰问离退休特困人员89人次。

2013年，新增企业离退休人员95人，重大节日期间慰问离退休特困人员84人次。

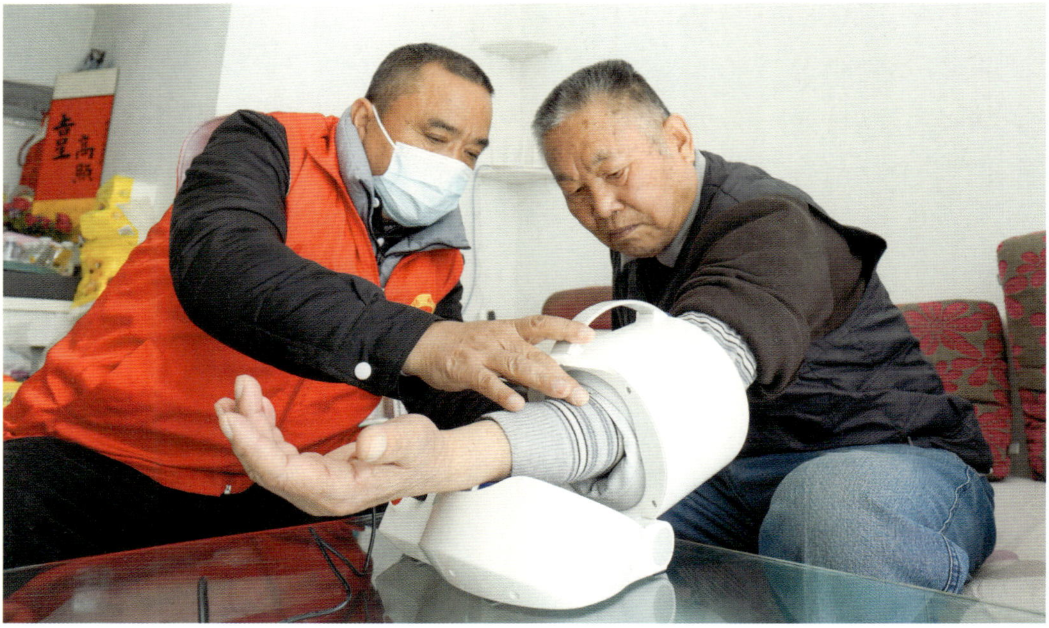

社区志愿者上门为离退休人员测量血压　马健　摄

2014 年，新增企业离退休人员 115 人，重大节日期间慰问离退休特困人员 88 人次。

2015 年，新增企业离退休人员 105 人，重大节日期间慰问离退休特困人员 65 人次。

2016 年，新增企业离退休人员 58 人，重大节日期间慰问离退休特困人员 71 人次。

2017 年，新增企业离退休人员 187 人，重大节日期间慰问离退休特困人员 80 人次。

2018 年，新增企业离退休人员 23 人，重大节日期间慰问离退休特困人员 154 人次。

2019 年，新增企业离退休人员 344 人，重大节日期间慰问离退休特困人员 77 人次。

2020 年，新增企业离退休人员 1191 人，重大节日期间慰问离退休特困人员 88 人次。

2021 年，新增企业离退休人员 1178 人，重大节日期间慰问离退休特困人员 178 人次。

2022 年，新增企业离退休人员 1014 人，重大节日期间慰问离退休特困人员 61 人次。

党建政事

中国共产党郑州市管城回族区二里岗街道工作委员会

1954 年 5 月，中国共产党郑州市第一区委员会二里岗支部成立。

1955年10月，中国共产党郑州市第一区委员会二里岗支部改为中国共产党郑州市陇海区委员会二里岗支部。

1958年9月，南关街道办事处和二里岗街道办事处合并，成立南关人民公社，同时成立中国共产党南关人民公社党委。

1959年3月，中国共产党南关人民公社党委改为中国共产党南关人民公社委员会。

1960年5月，区划调整，二里岗街道从南关人民公社划出，成立中国共产党二里岗分社党委。

1961年10月，中国共产党二里岗分社党委改为中国共产党郑州市管城区二里岗街道办事处党支部。

1966年5月，中国共产党郑州市管城区二里岗街道办事处党支部改为中国共产党郑州市向阳区二里岗街道办事处党支部。

1981年8月，中国共产党郑州市向阳区二里岗街道办事处党支部改为中国共产党郑州市向阳回族区二里岗街道办事处党总支。

1984年，中国共产党郑州市向阳回族区二里岗街道办事处党总支改为中国共产党郑州市管城回族区二里岗街道办事处党委。9月，召开中国共产党二里岗街道委员会第一次党员代表大会。

1988年4月，召开中国共产党二里岗街道委员会第二次党员代表大会。

1991年4月，召开中国共产党二里岗街道委员会第三次党员代表大会。

1994年9月，召开中国共产党二里岗街道委员会第四次党员代表大会。

1997年9月，召开中国共产党二里岗街道委员会第五次党员代表大会。

2000年10月，召开中国共产党二里岗街道委员会第六次党员代表大会。

2001年10月，召开中国共产党二里岗街道委员会第七次党员代表大会。

2002年10月，召开中国共产党二里岗街道委员会第八次党员代表大会。

2003年，中国共产党郑州市管城回族区二里岗街道办事处党委改为中国共产党郑州市管城回族区二里岗街道工作委员会。

2004年，组织社区党支部开展“五有”（有组织、有阵地、有功能、有制度、有服务）达标活动。

2005年，开展“三级四方”共建活动（建立区、街道、社区三级党建工作网络，明确各级党组织的职责和任务，健全相关制度，形成一个责权统一、管理有序、共驻共建的社区党建工作新机制）。

2006 年 5 月，成立中国共产党河南华益药业有限责任公司支部。

2007 年，围绕强化党员干部队伍作风建设的目标，开展“三大一树”（大讨论、大练兵、大网络、树立高标杆）活动。

2008 年 7 月，开展“继续解放思想　加快推进跨越式发展”活动，开展“迎奥运　做表率　保稳定　创和谐”活动；8 月，开展创建全国文明城市精细化管理工程。

2009 年，依托“百名干部下基层”等活动开展走访调研，解决群众生产生活中存在的实际困难；在下辖社区建设党员服务中心，树立铁路新村社区党建工作示范点，树立中博非公经济党建工作示范点。

2010 年，开展社区共建活动，与辖区内的 24 个公共单位签订共建协议书，商业储运公司、货站街小学与社区联合组织开展“党员议社区建设、社区议党员形象”“暑期活动启动仪式”等活动。

2011 年，以创优争先活动为契机，通过开展“党员奉献日”“街企共风雨”“比学习、比工作、比奉献”等活动，成功解决青年路市场改造、货站北街电动车二手车市场整治等 186 个群众生产生活中的实际问题；6 月底至 7 月，举办以“红心向党、情注二里岗”为主题的二里岗街道纪念建党 90 周年系列活动启动仪式，陆续开展了纪念建党 90 周年红色摄影展、“党旗飘扬 · 希望二里岗”红歌会等特色活动，激发广大党员干部群众爱党、爱祖国、爱社会主义的热情。

2012 年，开展“喜迎中共十八大　奉献在社区”“迎七一、送温暖、感党恩”“关爱环卫工、情暖二里岗”等党员志愿服务活动。

2013 年，开展以“一本党建手册明理论、一次演讲比赛树形象、一次实践活动做表率、一场专题讲座提素质、一场知识竞赛验成果”为主要内容的“提升素质　牢记使命　助力中原梦”党员学习教育月系列活动；将原有的 2 个机关党支部调整为 4 个机关党支部和 1 个离退休支部。

2014 年 5 月，开展“作风建设年”活动；开展服务型党组织创建活动。

2015 年，围绕“社区建设提升年”，改扩建社区 5 个，落实“群众百问，网格百解”党建工程，解决紫云社区孤寡老人日间照料、货站街 124 号院道路整修、新建电动车棚等问题；建立凤凰路社区、铁路新村社区、紫云社区 3 个社区“大党委”；建成天堂鸟餐饮有限公司党支部等 5 个非公党支部；对 33 个党（总）支部进行分类定级。

2016 年，围绕“基层党建提升年”，开展党组织“分类定级、晋位升级”；建成郑州市家庭服务业协会党支部等 6 家非公党组织，选派 8 名党建指导员，培育郑州仁济创伤显微外科医院“双强六好”党组织 1 家；开展党员示范岗、党员责任区、党员“结对子”等活动；培养入党积极分子 11 名、党员发展对象 7 名。

2017 年，围绕“基层党建规范年”，开创“多维课堂”，设立街道“周课堂、月讲堂”；开展党员教育系列活动 92 次；推行“践诺入党制”，承诺事项 27 件；结合“党旗飘管城、模范我先行”活动，建立党员先进典型库 12 人、设置党员示范岗 50 个、评选优秀党员 10 人；开展“逐社区观摩　整街道推进　整区提升”活动，推动基层党建工作整体提升；启动杨庄社区党群服务中心建设，确定郑州市菏泽商会“双强六好”非公党建示范点；建成郑州海嘉食品有限公司党支部、河南省物流协会党支部等 3 个非公企业党支部。

2018 年，确定每月“逐社区观摩、整街道推进”观摩评比办法，实行党建工作月考核，在社区党员家中建设“党建微家”，办理好事实事 30 余件；打造二里岗街道“七彩志愿者服务联盟”，开展“不忘初心，永跟党走”等各类志愿活动 290 余次；建成河南联合化工能源集团等 3 家非公企业党组织。

2019 年，开展“不忘初心、牢记使命”主题教育 80 余次、完成调研课题 11 个，检视问题 102 条，立行立改 94 条，长期整改 8 条；确定仁济医院党支部作为管城回族区主题教育示范点。

2020 年，圆满完成 9 个社区党组织换届工作。

2021 年，组织开展党史学习教育，发放党史学习用书 1600 余册，开展党史宣讲 19 次；依托“我们的节日”和新时代文明实践阵地等开展各类群众文化活动 40 余次；中博党总

二里岗街道庆祝中国共产党建党 100 周年“迎七一主题党日专场文艺汇演”　二里岗街道办事处　供图

支代表街道参加了郑州市“永远跟党走”庆祝中国共产党成立100周年社区（村）合唱比赛活动；开展“学党史、忆初心、担使命”主题演讲比赛活动。

2022年，围绕“共建共享、平安法治、幸福和谐、宜业兴业、支部过硬”5个方面开展街道“五星”支部创建工作。建立党建引领推进网格化基层治理工作机制，完善辖区“六要素”（人、情、地、事、物、组织）信息，并保证数据真实性；落实“三级网格”日巡察走访工作制度。成立河南陆港医药有限公司党支部、郑州金博尔厨具有限公司党支部2个非公企业支部。

铁路新村社区党委 铁路新村社区于2001年成立党支部，2015年4月升格为党总支，2020年3月升格为党委，共有183名党员，下设4个党支部。社区党委以“党建高质量、服务高水平、生活高品位”为工作宗旨，不断完善区域党建格局，切实以党建带队建、以党建带社建、以党建促发展，在工作中创新“1234”社区党建工作法，即社区党建以实现社区文化融合、邻里和谐、家庭和睦为目标，搭建共建共商、社团组织2个平台，推出党员服务、便民服务、特色服务3项服务，实行管理网格化、服务专业化、宣传信息化、共建社会化4化管理，进一步凝心聚力，发挥社区党员的先进模范作用和广大群众的智慧，让其真正参与到社区建设中，享受到社区建设成果，完善区域党建格局，努力打造服务型党组织建设。

铁路新村社区党群服务中心 马健 摄

铁路新村社区党委为辖区老党员集体过政治生日　二里岗街道办事处　供图

凤凰路社区党委　凤凰路社区于2001年成立党支部，2020年3月升格为党委，现有党员129名，下设3个党支部。社区党委坚持以“以人为本、便民惠民、服务为先、社区为家”为工作宗旨，运用“四心联建”党建工作法，即社区以“贴心、用心、尽心、爱心”服务辖区党员群众为目标，做到群众利益无小事，当好居民贴心人；用心服务老百姓，提升居民幸福感；热心服务为居民，尽心尽责办实事；志愿队伍献爱心，打造温情凤凰路。2020年以来，社区坚持党建引领社区治理，全力提升社区环境，积极开展平安小区建设，针对空巢老人及贫困人员进行帮扶救助；以点带面，使党员作用发挥在院落，发挥在楼栋，创建服务型社区党委，成效显著。

城东路社区党总支　城东路社区于2003年成立党支部，2020年3月升格为党总支，共有80名党员，下设2个党支部、4个党小组。社区党总支以“服务居民、打造特色、构建和谐”为目标，以“核心在总支、专心抓载体、强力搞服务”为思路，以老年弱势群体为突破口，以党小组为单位，整合资源、发挥特色，组建党员志愿者服务队，主动对接困难群体需求，开展一对一帮扶活动，解决出行不便、生活困难等民生问题30余项，实现了帮扶居民精准化、为民服务具体化。

东明路社区党总支　东明路社区于2003年成立党支部，2020年3月升格为党总支，共有153名党员，下设3个党支部。社区党总支致力于“党建引领＋无主管楼院治理”，把加强社区党组织建设、提升无主管楼院治理水平作为社区治理和基层建设的主线，通过成立居民自管会、红色业委会等楼院居民自治组织，补足物业服务短板，实现由“无管”变“共管”。2020 年 1 月，成立全区首个业委会党支部，解决楼院管理等各项问题。

杨庄社区党总支　杨庄社区于 2003 年成立党支部，2020 年 3 月升格为党总支，共有 94 名党员，下设 3 个党支部。社区党总支以党建为引领，以建设新型社区为目标，以服务群众为重点，标准化打造阅览室、文体活动室等多个功能室。以创建老党员共享家园为契机，推动离退休党支部的建立，搭建议事平台，发挥老党员威望作用，逐步构建起以老同志为主的社区党建体系。社区始终坚持以人为本，服务居民为理念，不断创新服务机制，推出“老年人日间照料中心”居家养老服务新模式，让更多群众走出房门，融进社区，享受到“15 分钟生活圈”的便利。

紫云社区党总支　紫云社区于 2004 年成立党支部，2020 年 3 月升格为党总支，共有 87 名党员，下设 2 个党支部。社区党总支以“党建服务更有质感”作为服务理念，探索形成“1363”工作法，即党建引领一根红线贯穿始终，搭建三个平台，组织六支队伍，抓牢三项职责。通过搭建平台，共筑共建，资源融合，发挥志愿者队伍力量，多次组织辖区党员、群众、离退休人员参与广场舞比赛、老年摄影大赛、残疾人棋牌比赛等各种活动，丰富党群生活。

杨庄社区庆祝建党 100 周年书画创作活动　马健　摄

燕归园社区儿童之家活动 二里岗街道办事处 供图

燕归园社区党总支 燕归园社区于2009年成立党支部，2020年3月升格为党总支，共有95名党员，下设2个党支部。社区党总支把精神文明建设作为党的建设重要内容，通过开设道德讲堂、“最美家庭”评选、移风易俗宣传等活动大力倡导精神文明新风尚。以社区儿童之家阵地组织开展多彩儿童冬令营、七彩夏日夏令营、认党徽懂党旗、传承传统文化等系列活动。

宇通花园社区党总支 宇通花园社区于2015年成立党支部，2020年3月升格为党总支，共有113名党员，下设2个党支部。社区党总支以实现基层治理体系和治理能力现代化为目标，在绿都嘉园小区推行“红色物业”社区治理模式，发挥物业人员中党员的示范作用。以党小组为单位在热心党员家中标准化建设“党建微家”，发挥党员联系群众的作用，打造党建工作聚力聚智的新平台，解决了老年人就餐不便、加装电梯等21项民生问题。打通联系服务群众的“最后一米”，不断提升城市社区治理效能。

中博社区党支部 中博社区于2020年4月成立党支部，共有20名党员。社区党支部立足郑汴商圈区域优势，将党的建设摆在首位，充分发挥社区党支部核心引领作用，通过开展服务活动，激活商圈党建活力，凸显“红”和“商”两大特色，将辖区内的中博家具家电市场、颜氏红木等数十家商户纳入“红色商圈”，推动形成党员进商圈、支部进商圈、服务进商圈的共管模式，促进社区党建工作和商圈经济发展相融合。

中博社区便民服务中心　马健　摄

管城回族区人大常委会二里岗街道工作委员会

2001 年 1 月，管城回族区人民代表大会二里岗街道工作委员会成立。人大二里岗工委负责组织辖区人大代表参加管城回族区人民代表大会，在区人大闭会期间组织人大代表

中博社区人大代表联络站　马健　摄

加强学习，提高代表素质和履职能力，发挥人民代表参与决策、民主监督、桥梁纽带和模范带头作用。

截至2022年年底，二里岗街道人大代表共有21人，人大代表联络站4个，分别是二里岗街道人大代表联络站、二里岗街道中博社区人大代表联络站、二里岗街道铁路新村社区人大代表工作站、二里岗街道宇通花园社区人大代表联络站。

郑州市管城回族区二里岗街道办事处

1954年5月，成立郑州市第一区二里岗街人民政府，1983年6月，成立郑州市管城回族区二里岗街道办事处，延续至今。二里岗街道办事处是管城回族区人民政府的派出机构，隶属于郑州市管城回族区政府。办事处位于管城回族区货站街98号。

街道办事处的主要职责是完成市、区两级政府的城市管理、社会福利、爱国卫生、生活服务等各项工作。随着国家和社会发展，办事处的职能和任务也不断改变。党的十一届三中全会以后，办事处把发展经济工作作为街道工作的主要任务之一。进入21世纪，办事处的主要职责是做好城市管理、社会服务、社会治安综合治理以及精神文明建设等工作。

政协管城回族区二里岗街道办事处工作委员会

1990年，中国共产党管城回族区政协二里岗街道参事组成立，后改为政协管城回族区二里岗街道办事处工作委员会。截至2022年年底，目前共有街道政协委员17名。政协工委负责组织辖区政协委员参加管城回族区政治协商会议，在闭会期间组织政协委员开展学习、调研、咨询服务等，履行委员职责，促进政治协商、民主监督制度建设。

群团组织

工 会

1991年4月，郑州市管城回族区二里岗街道办事处工会成立。

1995年4月，工会办事处改为工会委员会。

1998年8月，工会委员会第一次全员代表大会召开。

2004年，建立基层工会组织24个，职工之家9个。

2009年，铁路新村社区职工书屋被郑州市总工会评为市级示范点。

2017年，燕归园社区职工书屋和紫云社区职工书屋被郑州市总工会评为市级示范点。

2018年，与辖区企业签订区域集体合同、区域工资集体合同、女职工专项集体合同，保障辖区企业工会职工的基本权益和女职工的特殊权益。

2019年，建立企业工会4家，发展会员260名，社区工会规范化建设示范点1家。

2020年，被郑州市总工会评为2019年度郑州市"绿城惠惠"职工志愿服务工作先进单位。开展"春风送岗"活动，组织辖区内4家企业在河南职工服务平台上进行注册，发布岗位数26个；开展"抗疫减负"小微企业工会经费全额返还工作，指导5家企业完成申报。

2021年，被评为郑州市工会系统"七五"普法工作先进集体；郑州市管城回族区二里岗铁路新村户外劳动者爱心驿站被评为"最美驿站"。

2022年，积极组织新就业形态劳动者建会入会，共计完成3家企业200余人加入工会；组织80余人包括困难企业职工及户外劳动者参加健康体检；夏日送清凉活动为300名户外劳动者送去关爱；二里岗街道工会联合会第二届委员会第一次会议成功举办。

共青团

1954年3月，共青团二里岗街政府支部委员会成立。

1958年9月，南关街道办事处和二里岗街道办事处合并，建立南关人民公社，团支部改为团委。

1961年，二里岗街道办事处恢复，团委改为团支部。

1981年，开展主题为"做一名合格共青团员"的教育活动，组织广大团员认真学习《共青团团章讲话》《青年修养十二讲》等材料。

1986年，开展"遵纪守法教育""职业道德和社会公德教育"活动。

1989年，在团员中实行团员证制度，对被评为合格的团员颁发团员证，颁证率达90%以上。

1990年，成立二里岗街道团工委；组织青年团员参加管城回族区团委举办的第一届青年文化周活动，唱歌、棋类、健美操等项目取得较好成绩。

1991 年，开展暑假青少年校外教育活动，以居委会为单位把学生划分为 6 片，共接收学生 3000 多名，各单位抽出专职人员 41 名，落实各种活动场地 29 处。

2002 年，成立 6 个社区团支部和青年志愿者服务队，使社区成为团员学习活动的一个重要阵地。

2011 年，组织辖区共青团员开展“关爱永相伴”活动，为福利院儿童送去温暖。

2013 年，组织辖区共青团员开展“文明饲养宠物，共建和谐社区”宣传活动。

2014 年，开展“雷锋伴我行、青春献管城”学雷锋系列活动。

2016 年，组织辖区共青团员参加“青们·奔跑吧”青春潮跑迷你马拉松管城“开SHOW”活动。

2017 年，开展“中原更精彩、青春正飞扬——怎样做一名合格团员”主题团课。

2018 年，组织辖区共青团员走进郑州市儿童福利院开展“牵手共成长　关爱永相伴”送温暖活动。

2019 年，开展“青春心向党·建功新时代”特别主题团日活动。

2020 年，开展“管城青年，这场战‘疫’需要你们”系列志愿服务活动。

2021 年，开展“就地过年　团团在身边”春节主题系列活动 。

2022 年，开展青少年心理健康服务进社区系列志愿服务活动。

妇　联

1954 年 4 月，二里岗街道妇女联合会成立。

1986 年，开展“五好”活动，评出“五好家庭”610 户，“十好个人”1322 人。

1991 年，开展争创“五好家庭”“好婆婆”“好媳妇”活动。

1992 年，组织基层妇女干部学习“妇女保障法”“未成年人保护法”。

1995 年，开展“增强城市意识、争创文明家庭，提倡科学、健康文明的生活方式”活动。

2001 年 3 月，开展以保障和维护妇女婚姻家庭合法权益为主题的宣传活动。

2004 年，“三八”节、“六一”节开展各项文艺活动，开展“文明家庭”争创活动。

2006 年，成立老妈妈服务队、助残志愿者服务队等 5 个基层组织。

2008 年，开展“巾帼建功”活动，在二里岗街道办事处设立“巾帼建功”示范岗。

2010 年，开展争创“好家庭”“好媳妇”“好母亲”活动。

2014 年，开展“三八”国际劳动妇女节健身比赛活动。

2015 年，组织舞蹈队参加管城回族区妇女联合会举办的“三八”国际劳动妇女节“舞动人生 舞出健康”广场舞比赛。

2016 年，开展和睦家庭标兵户、优秀示范户、最美廉洁家庭评选活动，共评选出郑州市“和睦家庭”标兵 2 户、最美廉洁家庭 1 户。

2017 年，开展“中原女性大讲堂·商都讲堂”党的十九大精神巾帼宣讲活动。为二里岗街道办事处 80 余名女性职工开展“法进万家”“反家暴”普法大讲堂活动。

2018 年，组织开展“我推荐、我评议身边好人”活动。

2019 年，组织开展“四组一队”（发展组、权益组、宣教组、家风组和巾帼志愿者服务队）队伍创建工作，开展庆“三八”花艺沙龙、“城市是我家，鲜花装扮家”活动。

2020 年，组织开展社区妇女儿童维权服务站组建工作。

2021 年，组织开展第二批“四组一队”队伍创建工作，开展绿色家庭创建宣传活动。

2022 年，推进在新经济组织、新社会组织和新媒体行业“三新”领域成立妇联组织工作，开展“关爱你我他（她）·温暖千万家——情暖绿城”“宪法宣传月”“最美母亲”“最美家庭”等活动；组织“多彩假期 ‘益’童成长”暑期夏令营活动。

杨庄社区“多彩假期‘益’童成长”夏令营国学课堂 二里岗街道办事处 供图

街道妇联书画展　和芳芳　供图

2010—2022年二里岗街道获得的部分荣誉

奖项	发奖单位	年份
2010年全省“五好”社区党支部	中共河南省委组织部	2010
2010—2013年荣获市级文明单位	郑州市人民政府	2010
郑州市城市管理工作“先进单位”称号	郑州市人民政府	2011
郑州市先进基层党组织	中共郑州市委	2011
河南省规范化司法所	河南省司法厅	2011
河南省“六好”基层工会	河南省总工会	2012
郑州市园林式居住区	郑州市人民政府	2012
市级文明社区	郑州市人民政府	2013
示范“妇女之家”	河南省妇女联合会	2014
2014年度郑州市新型城镇化建设“十快”街道	中共郑州市委办公厅	2015
全国综合减灾示范社区	民政部	2016
2015年度郑州市平安建设先进乡	中共郑州市委、郑州市人民政府	2016
郑州市厂务公开民主管理工作先进单位	郑州市厂务公开领导小组办公室	2017
2016年度郑州市未成年人思想道德建设工作先进单位	郑州市精神文明建设指导委员会	2017
郑州市先进基层党组织	中共郑州市委	2018

续表

奖项	发奖单位	年份
河南省文明单位	河南省精神文明建设指导委员会办公室	2019
郑州市环境污染防治攻坚战三八红旗集体	郑州市妇女联合会、郑州市环境污染防治攻坚战领导小组	2019
郑州市2018年度先进基层党校	中共郑州市委宣传部	2019
2020—2022年省级卫生先进单位	河南省爱国卫生运动委员会	2019
2017—2019年度河南省文明单位	中共河南省委办公厅	2020
2020—2021年度郑州市职工职业道德建设标兵单位	中共郑州市委宣传部 郑州市总工会	2021
郑州市“民主法治示范村（社区）”	郑州市委全面依法治市委员会守法普法协调小组、郑州市司法局	2021
郑州市先进人大代表活动组	郑州市人大常委会办公室	2021
河南省老年友好型社区	河南省老龄工作委员会办公室	2022

基础设施

LOCAL RECORDS OF ERLIGANG

货站街　马健　摄

市政设施

城市道路

辖区东西向道路主要有货站街、南仓街、陇海东路、青年路、凤凰路、郑汴路等，南北向道路主要有城东路、货站北街、东明路、未来路、凤台西街、玉凤路等。

货站街　位于二里岗街道南部，东西走向，辖区路段全长 2035 米，东起凤台西街，西至城东路，柏油路面。2003 年对该路段进行分段拓宽改造，宽 44 米，双向 4 车道。

南仓街　位于二里岗街道西部，东西走向，东起城东路，西至汇源商业街。2001 年，由市政府规划并投入资金拓宽改造，改造后辖区路段全长约 150 米，宽 38 米，柏油路面，双向 4 车道。

陇海东路　位于二里岗街道北部，东西走向，辖区路段全长 1209 米，宽 60 米，东起中州大道，西至城东路，柏油路面，双向 6 车道。陇海东路是郑州南部连接市区东西交通的大干道。原为陇海马路，中华人民共和国成立前仅有自一马路口至铁路工人文化宫一段，

南仓街　马健　摄

陇海东路　马健　摄

青年路　马健　摄

长约 200 米，因当时陇海铁路车务处驻于此地，故名。1952 年，开始扩建，向东西方向延伸加宽。1979 年，整顿街道时，以火车站南闸口为界，向西称陇海西路，向东称陇海东路。

青年路　位于二里岗街道东北部，东西走向，辖区路段全长 306 米，宽 16 米，东起未来路，西至东明路，柏油路面，双向单车道。原为通往金水区凤凰台村的一条土路，1996 年，对该道路进行了拓宽改造。

凤凰路　位于二里岗街道北部，东西走向，东起未来路，西至城东路，柏油路面，全长 1200 米，宽 29 米，单行 2 车道。

郑汴路　位于二里岗街道北部，东西走向，辖区路段全长 620 米，宽 101 米，东起玉凤路，西至未来路，柏油路面，双向 6 车道。原名郑开公路，1979 年，整顿街道时更名为郑汴路，是郑州通往开封的主要干道。

城东路　位于二里岗街道西部，南北走向，辖区路段南起石化路，北至凤凰路。2001 年，对南段进行拓宽改造，改造后辖区路段全长 1456 米，宽 38 米，柏油路面，双向 4 车道。

凤凰路 马健 摄

郑汴路 马健 摄

城东路 马健 摄

货站北街 位于二里岗街道西部，南北走向，辖区路段全长1005米，宽21.40米，南起货站街，北至郑汴路，柏油路面，双向单车道。

货站北街 马健 摄

东明路　二里岗街道办事处　供图

东明路　位于二里岗街道东部，南北走向，辖区路段南起货站街，北至郑汴路。1990年，进行拓宽改造，改造后辖区路段全长约1000米，宽40米，柏油路面，双向4车道。

未来路　位于二里岗街道东部，南北走向，辖区路段全长2477米，宽79米，北起商城路，南至石化路，柏油路面，双向6车道。从2003年起，分段打通未来路向南延伸成为市重点工程。2006年9月，又从陇海铁路向南打通到航海东路，未来路从北向南全线贯通后，有效缓解了城东路、东明路、郑汴路、中州大道等道路的交通压力。

凤台西街　位于货站街与未来路交叉口向东160米路南，南北走向，北起货站街，南至铁路桥涵洞口处。道路长520米，宽15米。2020年，完成凤台西街道路改造。

玉凤路　位于二里岗街道东部，南北走向，辖区路段全长518米，宽22米，南起郑汴路，北至商城路，双向6车道。

未来路　马健　摄

城市桥涵

郑州陇海路高架桥　位于二里岗街道北部，东西走向，辖区路段全长3200米，宽31米，东起中州大道，西至城东路，柏油路面。2013年10月开工建设，2015年1月投入使用。

郑州陇海路高架桥　马健　摄

城市排水

辖区内排水管道走向为南起107国道，沿城东路中心向北，穿过陇海铁路、货站街、陇海东路连通熊耳河；北至郑汴路，穿城东路接入熊耳河。全长3996.86米，涵盖陇海东路以北、凤凰路以南及未来路两侧地区。

公用设施

公共交通

截至2022年年底，途经辖区的有Y29路、Y9路、216路、S166路、S163路、B5路、B501路、199路、192路、206路、B15路、Y28路、3路、721路、B101路、193路、B1路、B17路、89路、80路等20余条公交线路。

地铁3号线途经辖区，设有博览中心站。

未来路快速公交站 马健 摄

地铁 3 号线博览中心站 马健 摄

在建地铁 6 号线途经辖区，设有货站街站、博览中心站（可换乘 3 号线）。

K2 线（规划中）途经辖区，设有博览中心站（可换乘地铁 3 号线、6 号线）

供 水

中华人民共和国成立初期，辖区居民用水来源主要为井水，20 世纪 50 年代以后，自来水由郑州市自来水总公司统一供应。90 年代以后，辖区居民小区基本实现自来水全覆盖。

供 电

中华人民共和国成立初期，辖区居民大多使用煤油灯照明。20 世纪 50 年代以后，郑州市电力公司开始供电，保证了辖区居民生产、生活用电。

供 气

20 世纪 80 年代以前，辖区居民做饭用的燃料主要是木炭、劈柴和锯末，还有煤球、型煤。90 年代以后，郑州市液化石油气供应站开始为辖区供天然气。2022 年，辖区居民小区供气基本达到全覆盖。

供 热

20 世纪 80 年代以前，辖区居民主要用燃灶或者煤炉取暖。80 年代以后，郑州市热力总公司成立，全市开始统一供热，辖区居民供热取暖问题逐步得到解决。

园林绿化

1985 年，植树 3950 棵，栽植花木 5348 株。

1987 年，植树 1366 棵，栽植花木 5235 株。

1989 年，植树 4600 棵，绿化面积 2370 平方米，育苗 4281 平方米，花坛 19 个。

1990 年，植树 4151 棵，栽植花灌木 17132 棵、月季 2721 株，育苗 7431 株，花坛 11 个。

1993 年，植树 6500 棵，栽植花灌木 2800 棵、绿篱 500 平方米，繁殖月季苗 1200 株，垂直绿化 600 株。

2000 年，开展绿化活动，种植绿植 3650 棵、花灌木 5122 棵。

2001 年，辖区东明路两侧种植法国梧桐 100 株、红叶石楠 900 株。

2002 年，摆放花箱 2000 盆，栽植高杆月季 100 株，其他灌木 4000 株。

2003 年，植树 1800 棵，栽植月季 2103 棵、花灌木 1997 棵。

2005 年，绿化面积 60623 平方米，种植新品种月季 17580 棵，新栽乔木 2537 棵，垂直绿化 2960 株。

2008 年，种植各类绿植 4500 棵，绿化面积占辖区面积 20% 以上。

2014 年，种植石榴树、大叶女贞、麦冬、鸢尾花等 10 余种花草树木，新增铁路沿线绿化面积 2000 余平方米。

2016 年，植树 1300 棵、落叶树 960 棵、花灌木 1700 棵。

城东路道路绿化提升 马健 摄

2019 年，在辖区陇海高架桥城东路至中州大道段种植绿植大叶黄杨 2327.50 平方米、红叶石楠 2172.56 平方米，整理绿化用地 5350 平方米；在辖区凤凰路道路两侧栏杆上安装 1500 个花篮及栽植时令花卉，人行道花池补栽红叶石楠球 170 株。

2020 年，在辖区凤凰路道路两侧种植麦冬 630 棵、黄杨 500 棵、月季 800 株；在辖区地铁五号线处新种植花灌木、其他绿化乔木 500 平方米；在辖区未来路道路两侧栽种乔木、花灌木 100 平方米。

2021 年，郑州市“一环十横十纵”示范街道整治提升对城东路、未来路、郑汴路主干道道路两侧侧分带进行了绿化，绿化面积 3600 平方米，主要种植有金森女贞和红叶石楠。未来路涉及道路东西侧分带和道路两侧，绿化面积 10200 平方米，侧分带主要是乔木女贞、合欢苗木，道路两侧绿化带种植乔木、灌木。郑汴路涉及道路两侧花坛、道路南北侧分带、道路中央绿化带，绿化面积 11400 平方米，种植有红叶石楠、白蜡、国槐等花草苗木。

畅和园

位于未来路与货站街交叉口，建于 2005 年，占地面积 11812 平方米，绿化面积 8200

平方米，硬化面积 3612 平方米，绿化覆盖率 69%。园内栽植金叶女贞、石榴、枇杷、紫叶小檗、桂花、棕榈、黄杨球等乔灌木。

陇翠园

位于陇海路中州大道西南角，建于 2020 年，占地面积约 28600 平方米，绿化面积 20940 平方米，绿化覆盖率 73%。园内栽植乔木雪松、广玉兰、桂花等 11 种苗木，共 371 株。栽植灌木红叶石楠球 14 株、海桐球 28 株，铺种地被 19940 平方米。

货西园

位于城东路与货站街交叉口东北角，建于 2003 年，2020 年郑州市“一环十横十纵”示范街道整治提升工程对该游园进行了提升改造，占地面积 652 平方米，种植乔木油松、红松、榆叶梅等 30 余种苗木 833 株，种植地被 184 平方米。

畅和园　马健　摄

货西园　马健　摄

环卫设施

1994年3月，建成铁路新村垃圾中转站，位于货站街124号院内，建筑面积100平方米。

1995年2月，建成杨庄垃圾中转站，位于凤凰路路南，建筑面积80平方米。

2005年，新增果皮箱14个、清扫保洁车6辆。

2017年，新增小型电动三轮冲洗车10辆、电动垃圾转运车12辆。

2018年，新增小型电动三轮冲洗车10辆、电动垃圾转运车12辆、电动四轮垃圾车25辆。同年5月，杨庄垃圾中转站因杨庄村拆迁改造拆除。

2019年，新增果皮箱200个。

2020年，建成垃圾分类定时定点投放站8个、生活垃圾分类房（亭）20个，发放垃圾分类宣传手册4000余份，开展垃圾分类宣传活动48次，辖区垃圾分类工作已100%全覆盖，全部小区配有分类垃圾桶，均可进行厨余垃圾收运。

2021年，建设垃圾分类定时定点投放站1个、生活垃圾分类房（亭）10个，开展垃圾分类宣传活动30次，发放垃圾分类宣传册3000余份，发放宣传礼品2000余份。

2022年，建设生活垃圾分类房（亭）6个，开展垃圾分类宣传活动20余次，发放垃圾分类宣传册1500份。

机械化清扫　马健　摄

宇通花园社区垃圾分类回收站　马健　摄

文物胜迹

LOCAL RECORDS OF ERLIGANG

二里岗遗址

二里岗遗址位于郑州市东南部陇海马路东段两侧。这里原是一个高出周围平地5～10米的土岗。遗址东西长约1500米，南北宽约600米，面积达90万平方米。文化层堆积在0.20～1.50米之间，最厚处3米以上，遗存有房基、灰坑、水井、壕沟、墓葬、祭祀坑、夯土墙等。1950年发现。1952年秋，文化部社会文化事业管理局、中国科学院考古研究所和北京大学联合举办的第一届考古工作人员训练班等对郑州二里岗遗址进行了大规模的考古发掘，出土商代早期房基、窖穴、壕沟、水井、慕葬、祭祀坑及一大批铜、石、玉、骨、蚌、角、陶、原始青瓷器及刻字骨、卜骨等。从地层关系和出土遗物的类比分析看，该遗址可分上下两大期四个阶段，是距今3500年前的典型遗存。考古界以该遗址命名了二里岗文化。

习刻字骨（商） 1953年出土于管城回族区二里岗。共发现两片，一片为牛肱骨上关节面的一部，骨一面用刀削平，圆面上有一个“㞢”字；另一片为牛肋骨，圆面刻“又乜土羊乙貞从受十月”十字，骨片长7.30厘米、宽3.80厘米、厚0.30厘米。

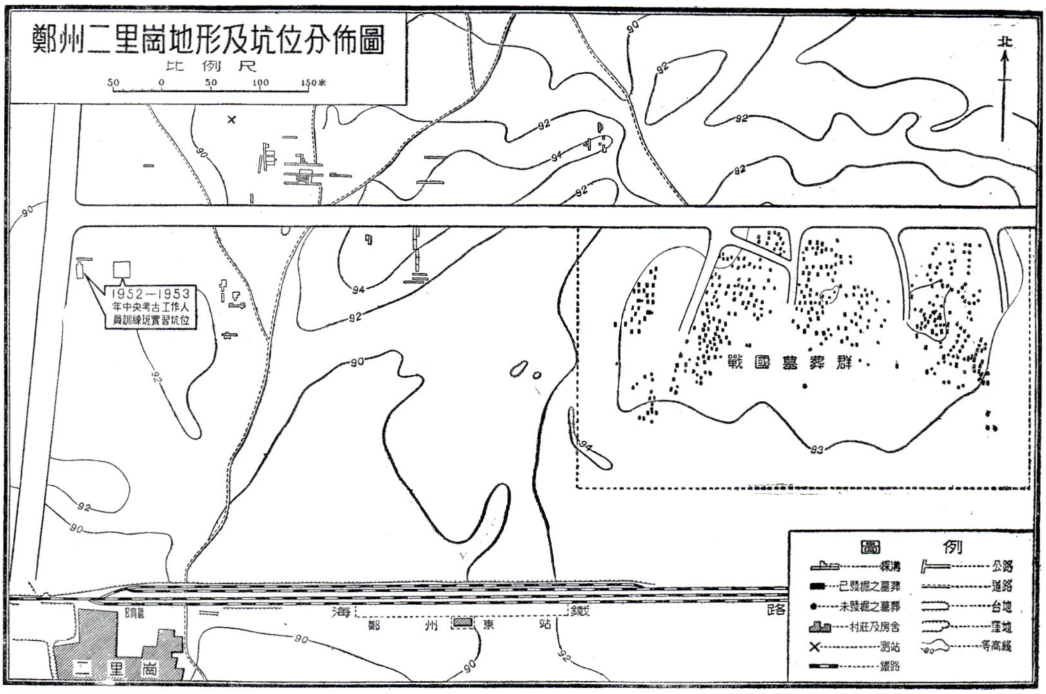

郑州二里岗地形及坑位分布图

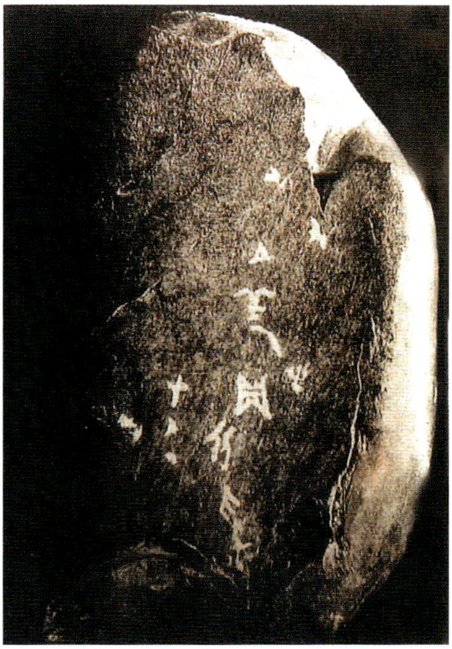

习刻字骨（商）

陶鼎（商）

陶鼎（商） 1953 年出土于管城回族区二里岗。通高 18.20 厘米，口径 15.40 厘米，足高 5.60 厘米，腹径 15.60 厘米，耳高 5.60 厘米，壁厚 14.40 厘米。腹微微鼓，底近平，口沿上有对称的两半圆形竖耳，颈腹间有阴文两道。该鼎就器形和口沿上的竖耳看来，都是模仿铜器的形式。

方腹平底青铜斝（商） 郑州二里岗商代墓葬中出土的一件标本。口径 15.50 厘米，通高 25.20 厘米。颈部饰一周由两周联珠纹夹一周饕餮纹组成的图案带条，腹部饰一周粗线饕餮纹图案带条。

小口饕餮纹罍（商） 1968 年出土于管城回族区二里岗，现藏于郑州博物馆。口径 13.10 厘米，通高 24 厘米。小口微外侈，卷沿，圆唇。颈部饰两周平行凸弦纹；腹上部饰一周由三组饕餮纹组成的图案带条，上下界饰凸弦纹，下部饰两周平行凸弦纹；圈足上饰一周弦纹，并有三个等距的十字形镂空。

小口斜腹穿带壶（商） 1953 年出土于管城回族区二里岗，现藏于河南省文物考古研究院郑州商城工作站。通高 24.80 厘米，口径 6.80 厘米，腹最大径 16 厘米，圈足高 1.60 厘米，圈足径 11.40 厘米，壁厚 0.60 厘米。细泥质灰陶，磨光。小口微敛，长径斜直，溜肩，肩部两侧有两个对称的竖筒形鼻，深腹略圆鼓，圜底近平，下附矮圈足，圈足两侧有

方腹平底青铜斝（商）

小口饕餮纹罍（商）

两个与肩部筒形鼻相对应的小圆孔。器表的颈部和腹部饰凹弦纹，腹部与圈足上分别饰十周弦纹，制作精致。

觚（商） 郑州二里岗商代墓葬中出土，现藏于河南省文物考古研究院郑州商城工作站。口径 13.35 厘米，通高 17 厘米。细泥质灰陶，通体磨光，制作精致。圈足近底周围又凸出一棱，并在圈足座表饰弦纹四周和对称的十字镂空两个，觚的腹部素面。

小口斜腹穿带壶（商）

觚（商）

折沿凹唇鬲（商）

大口尊（商）

折沿凹唇鬲（商） 1953 年出土于管城回族区二里岗，现藏于河南省文物考古研究院郑州商城工作站。口径 27.80 厘米，通高 34.10 厘米。唇外折成方唇，沿上凸起，剖面作三角形的棱两周，形成中间为一凹槽，似子母口，当为用时便于着盖。在颈周除饰重圆圈纹外加饰附加堆纹一周，周身有竖行连锁堆纹六行。

大口尊（商） 1953 年出土于管城回族区二里岗。通高 36.60 厘米，口径 35.60 厘米，腹径 20 厘米，壁厚 0.60 厘米。大口，唇外侈，深腹圜底，斜直壁。泥质灰陶。腹下部及底部有绳纹，腹中部一段及颈部绳纹被磨去。肩部饰有附加的纽状绳纹一周。颈部有弦纹及腹部有阴划纹数道。

二里岗战国墓地

二里岗战国墓地位于郑州市管城区二里岗。1953 年，河南省文化局文物工作队进行了发掘，共清理墓葬 212 座。墓葬排列密集，其形制可分为土坑墓和竖穴空心砖墓两种，其中土坑墓 186 座，墓口长 2.05 ~ 3.80 米，宽 1 ~ 2.87 米，均有二层台，随葬品多置于壁龛内。空心砖墓 26 座，椁室系用 12 块空心砖构成。葬式中直肢葬 158 座，屈肢葬 48 座。除 13 座土坑墓、1 座空心砖墓无随葬品外，余皆有随葬品，随葬品多者达 56 件，少

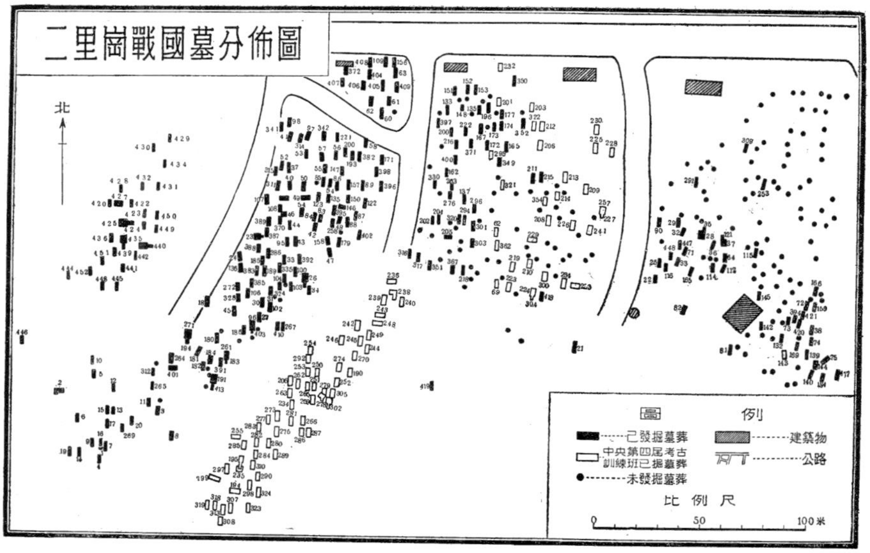

二里岗战国墓地分布图

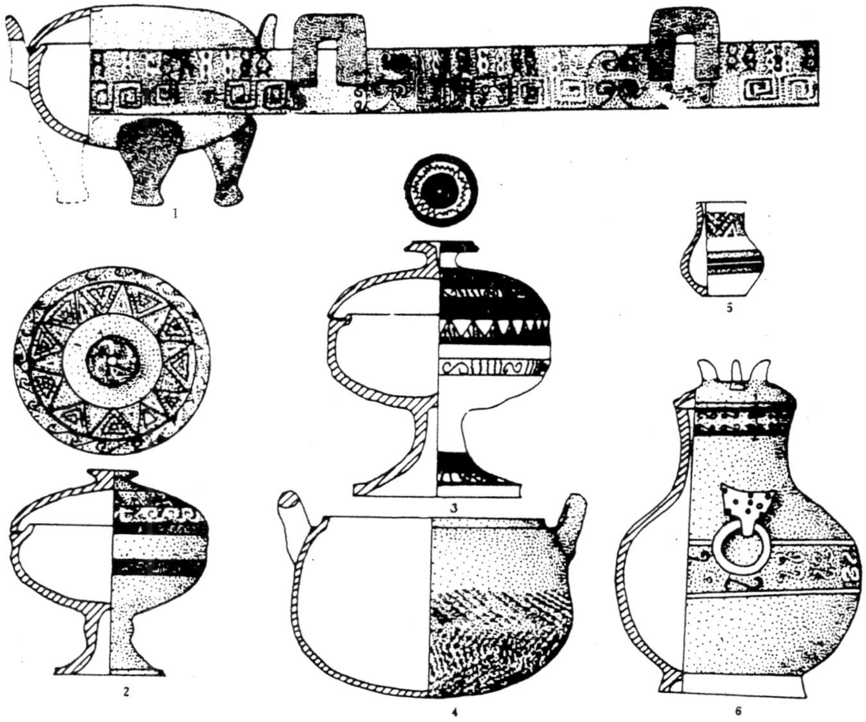

二里岗战国墓地出土陶器图

1. 鼎 2. 豆 3. 豆 4. 釜 5. 壶 6. 壶

二里岗战国墓地出土陶器图

者仅1件，一般为5～20件。计有陶器684件，多鼎、豆、壶、盘、匜等。铜器582件，多为兵器及装饰品。根据其陶器组合，可分三个时期：战国中期，97座，组合为鼎、豆、壶，有的还伴出盘、匜；战国中期偏晚，12座，组合为鼎、盒、壶，有的也伴出盘、匜等；战国晚期，35座，组合为盒、碗，或加壶、尊等。二里岗战国墓地发掘为揭示战国时期社会、家族组织、经济生活等以及建立郑州地区战国墓葬年系表，具有重要意义。

陶鸭（战国） 1954年出土于管城回族区二里岗战国墓，现藏于河南博物院。通高29.30厘米、长34厘米、宽30厘米。该陶鸭造型拙朴，结构奇特，彩饰艳丽，1973年与1984年曾先后赴日、法等国展出。脊背中央有一圆孔，昂首张嘴，作鸣叫状，两翼平面作新月形，尾部平面作梯形，两足直立，尾、翅、足皆有榫头，可以分解拆卸。眼睛、嘴喙涂黄彩，口腔、下腹、两足涂红色，其余皆用黑白相间作羽毛饰。

陶鸭（战国）

晋王庙

晋王庙位于管城回族区二里岗街道晋王庙村，始建于宋，明、清多次重修。原规模较大，后破坏严重，据清光绪二年（1876）所立重修碑记载：“晋王庙有大殿、拜厦、戏楼、三角门、道房等。”原建筑已无存，仅余古碑刻两通及建筑构件两块。其一为《灵显王庙赞》碑，其二为金代《郑州重修有唐忠臣李卫公庙记》碑，另原庙址门前道路西侧立有两块碑状石块，上有方穿，疑为建筑构件。

《灵显王庙赞》碑（宋）

位于管城回族区二里岗街道晋王庙村晋王庙故址。宋大中祥符四年（1011）立。碑高2.60米，宽1.10米，厚约0.30米。碑首和碑身为一石，首为半圆形，额上刻有篆书“灵显王庙之赞”。石碑为宋真宗赵恒书写，文前有“御制御书并篆”字样，碑文赞李靖“功存于国，惠泱于民”等。据碑文记载，李靖为唐代名将，官至中书尚书仆射，封卫国公。五代后晋天福年间（936—943），李靖被追封为晋王，所以李卫公庙又称“晋王庙”。1987年3月，《灵显王庙赞》碑被郑州市人民政府列为郑州市重点文物保护单位。

《郑州重修有唐忠臣李卫公庙记》碑（金）

位于管城回族区晋王庙村晋王庙故址。金明昌二年（1191）十一月十五日立，碑高2.25米，宽1.03米，厚0.21米，额篆书“有唐忠臣李卫公庙碑”3行9字，马逢辰篆额，碑文行书22行，满行40字，笔力清劲，结构旷逸，有赵孟頫书《百泉玉虚观记》之笔意。碑文记载郑州重修李卫公（李靖）庙大殿、戏楼、道房及周围院墙的情况。

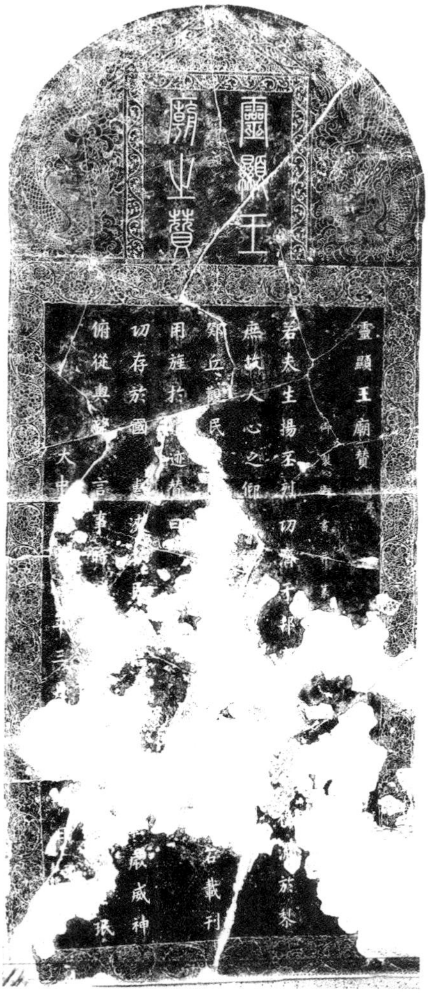

《灵显王庙赞》碑文拓片

《郑州重修有唐忠臣李卫公庙记》碑文拓片

经济发展

发展历程

郑州东站（货运）装卸老照片 圃田西站 供图

中华人民共和国成立后，二里岗街道由城乡结合部和少量村庄组成，经济发展依托工业和铁路货运。二里岗街道工业主要以机械工业为主，兼有化工、食品、纺织等行业；铁路货运有郑州东站（现圃田西站）。20 世纪 50—60 年代，辖区内建设了以郑州市毛巾床单厂、郑州市冶金工具厂、郑州市齿轮箱厂、郑州玻璃厂、郑州客车修配厂、郑州电焊条厂等为代表的一大批中小型工业企业，奠定经济发展基础。

改革开放后，街道开始兴办企业并形成一定规模。1984 年，成立劳动服务站，其后成立劳动服务公司、郑州市东升汽车配件商店、郑州东北木器厂等一批街道企业。至 1988 年，共有街道工商企业 11 个，职工人数 84 人，年营业额达 412.40 万元，创利 24 万元，辖区经济进一步发展。

20 世纪 90 年代初期，市场活力得到进一步释放，各市场主体迅速发展。1990 年，郑州市鸿马汽车保修设备有限公司成立；1992 年，河南中博家具中心、河南省国药医药开发公司成立；1993 年，郑州海嘉食品有限公司成立。90 年代中后期，加大招商引资力度。1995 年，二里岗机动车配件批发市场建成；1997 年，中宇假日酒店建成；1998 年，二里岗农贸市场建成。

进入 21 世纪，开始发展楼宇经济和商贸服务业。截至 2022 年年底，辖区有兴亚商务广场和永茂大厦等商务楼宇，有星程酒店、希岸酒店等 15 家酒店旅馆，酒店旅馆服务产业品质大幅提升；有专业批发市场 6 个，总营业面积达 35.40 万平方米，各类品牌专营店或授权代理商 600 余家，经营范围辐射全国，带动市场周边金融、物流、商务、餐饮等多种服务业快速发展。

二里岗街道围绕二里岗红木家具、医药产业、郑汴商圈产业集群发展优势，进行产业升级，以打造特色街区为目标，打造集红木文化展示、红木家具展销一体的未来路红木特色一条街，构建红木特色产业集群。以培育医药龙头企业为重点，加快小型医药企业建设

20 世纪 90 年代二里岗机动车配件批发市场　二里岗街道办事处　供图

进程，推动医药产业规模化、集聚化发展。以区域特色和资源为优势，利用中博家具家电市场区位优势，加快推进市场改造升级，实现市场与仓储分离，集展示、消费为一体的商业综合体，同步推进周边音响市场、燃气具市场的升级改造。截至 2022 年年底，辖区注册企业 3000 余家，其中“四上企业”59 家。

近年来，二里岗街道主要经济指标呈持续良性增长态势。2012 年，国内生产总值（GDP）21.86 亿元，固定资产投资 9.60 亿元，财政收入 0.89 亿元。2021 年，国内生产总值 57.79 亿元，固定资产投资 15.80 亿元，财政收入 2.56 亿元。九年间，国内生产总值增

红木特色街区展销中心　马健　摄

速 164%，固定资产投资增速 64.58%，财政收入增速 188%。2012 年，城镇居民人均总收入 23977.48 元，人均可支配收入 22166 元。2022 年，城镇居民人均总收入 47946.73 元，人均可支配收入 45621.74 元。十年间，居民人均总收入增长 99.97%，人均可支配收入增长 106%。

2005—2021 年二里岗街道生产总值及财政收入统计表

年份	国内生产总值 / 万元	固定资产投资 / 亿元	消费品零售额 / 亿元	财政收入 / 万元	招商引资 / 亿元
2005	15658	1.07	9.25	4465	0.56
2006	18158	1.47	10.85	4280	0.63
2007	22407	2.50	12.85	7150	1.10
2008	111562	3.10	14.95	9200	2.70
2009	131138	4.60	17.64	10300	3.10
2010	169245	7.60	19.25	9785	4.80
2011	192134	9.03	21.53	10059	4.30
2012	218550	9.60	23.45	8818	5.20
2013	249809	10.80	25.85	9916	5.80
2014	250652	9.60	27.95	9360	6.30
2015	274055	10.60	30.25	9638	7.50
2016	261392	10.84	32	10873	6.30
2017	268416	12.10	34.87	13633	8
2018	319233	10.32	35.32	15579	9.80
2019	545666	16.10	31.07	20106	9.20
2020	561623	15.60	31.05	24564	10.50
2021	577910	15.80	31.46	25648	10.50

工 业

中华人民共和国成立初期是郑州工业发展的重要时期，辖区内相继兴建了郑州市电力机械厂、郑州市食品机械厂、郑州客车修配厂、郑州电焊条厂、郑州市毛巾床单厂、郑州玻璃厂、郑州市冶金工具厂、郑州市齿轮箱厂等一大批中小型工业企业。改革开放后，街道开始兴办企业并形成一定规模。1984 年 1 月，国务院批准新的郑州市城市总体规划，郑州市根据新规划开始调整工业布局，到 1990 年，工业企业的建设基本上框定在棉纺路工业区、南阳路工业区、华山路工业区、二里岗工业区等六大工业区。二里岗工业区位于郑州市区东南部，在紫荆山路以东、东明路以西、金水路以南、航海路以北，包括城东路、陇海东路附近区域，主要以机械工业为主，兼有化工、食品、纺织等行业。20 世纪 90 年代末，随着市场变化，部分工业企业因管理、技术等多方面原因，逐渐走向衰退。进入 21 世纪，辖区内中国电建集团郑州泵业有限公司、郑州宇通客车股份有限公司等工业企业以科技促发展，引进和自主研发科研项目投入生产，企业经济效益显著，形成二里岗街道新的工业发展格局。

郑州宇通客车股份有限公司 位于凤凰路 7 号，占地面积 8.73 万平方米。1963 年 3 月，以原郑州轻工机械厂为基础，成立了河南省交通厅郑州客车修配厂，同年 12 月，生产了河南省第一辆 JT660 型长途客车，随后郑州客车修配厂在 JT660 的基础上，生产了 JT660/JT661 球铰通道城市公交车、JT661 长途客车、JT662 长途大客车等。1968 年 10 月，更名为郑州客车修配厂，同年推出了 JT680 型长途大客车。1985 年 9 月，更名为郑州客车厂，开始实行厂长负责制。1987 年，成立客车技术研究所。1991 年，自主开发了 ZK6980 系列客车，尤其是该系列的 ZK6980W 卧铺客车，受到市场欢迎。1993 年 2 月，郑州宇通客车股份有限公司成立，实现从“工厂制”到“公司制”的转变，企业的领导机制和经营管理体制等也全面变革。1995 年，宇通技改工程全面竣工，年生产能力达到了 2000 辆。1997 年 5 月，“宇通客车”股票在上海证券交易所上市，成为国内大客车企业第一家上市公司。2000 年 4 月，宇通设立了当时国内客车行业唯一的博士后科研流动工作站，与德国 MAN 公司合作，成立猛狮客车有限公司，加快了国际化步伐。2003 年，宇通 ZK6115H、ZK6116HG、ZK6790H-1 三台客车开赴俄罗斯圣彼得堡。2004 年 2 月，宇通企业集团成立，总收入超过 74 亿元，市场占有率达到 22%，其中，公交车销售 3000 多台，处于领军地位。此后几年，宇通继续快速发展，2007 年出口各类客车 3319 台。2008 年，宇通荣获科技部、国务院国资委和全国总工会授予的首批“创新型企业”称号，成为客车行业唯一入围企业。2011 年，宇通获得世界客车联盟全球年度客车制造商大奖，同年被国家统计局授予中国行业“十强”企业。2012 年，在世界客车联盟亚洲博览会获得“年度最佳客车 / 校车制造商奖”“最佳校车安全奖”等 4 项大奖。2013 年，被工业和信息化部、财政部认定为“国家技术创新示范企业”。2015 年，迁至管城回族区十八里河镇工业园区。2020 年，原厂址启动建设凤凰悦园小区项目。2022 年，完成 6 栋高层主体封顶。

1985 年，郑州客车修配厂更名为“郑州客车厂” 郑州宇通客车股份有限公司 供图

1991 年产宇通牌卧铺客车 郑州宇通客车股份有限公司 供图

20世纪90年代初ZK6731D“宇通红”系列客车 郑州宇通客车股份有限公司 供图

郑州宇通客车股份有限公司 马健 摄

中国电建集团郑州泵业有限公司老照片　康根民　供图

中国电建集团郑州泵业有限公司　位于陇海东路9号，始建于1966年，占地面积5.93万平方米，分为南北两院，以陇海东路相隔。截至2022年年底，资产总额72704万元，职工总数295人。1966年5月，其前身水利电力部郑州阀门修配厂成立。1972年，划归河南省电力工业局。1974年，更名为郑州电力修配厂。1981年，更名为郑州电力机械厂。2011年9月，划归中国电力建设集团有限公司。2018年1月，公司制改制，郑州电力机械厂更名为中国电建集团郑州泵业有限公司（简称郑州泵业公司）。同年3月，郑州泵业公司与上海能源装备有限公司重组整合，成为上海能源装备有限公司全资子公司。公

中国电建集团郑州泵业有限公司厂区　马健　摄

中国电建集团郑州泵业有限公司产品检测 马健 摄

司集研发、制造、销售、技术服务、施工安装、工程成套等功能为一体，聚焦能源电力、水资源与环境、基础设施三大领域。主导产品为600MW及以下火电机组锅炉给水泵和1000MW及以下机组凝结水泵、循环水泵以及燃气电站余热锅炉给水泵、钢厂余热发电锅炉给水泵、垃圾发电厂锅炉给水泵、海水淡化泵、管道输油泵、电站阀门等。产品广泛用于电力、石油、化工、冶金、煤炭等领域，是“一带一路”能源建设工程项目的优质装备品牌。

郑州铁路装备制造有限公司 郑州铁路装备制造有限公司作为中国铁路郑州局集团有限公司全资子公司，成立于2010年5月，主要经营铁路运输基础设备制造、铁路机车车辆维修、特种设备制造、特种设备安装改造修理。公司定位于“服务运输一线、服务安全生产”，积极开展工务换枕、道岔生产、客运维保等服务运输一线的项目。2022年，实现收入7.31亿元，利润3564万元。

河南鸿马实业有限公司 原郑州市鸿马汽车保修设备有限公司，位于城东路256号，成立于1990年8月，系二里岗街道劳动服务公司集体所有制企业，占地面积800多平方米。2003年，集体企业改制后更名为河南鸿马实业有限公司。鸿马公司从最初的以汽车配件、汽保设备为主业的一家集体企业，通过集体改制和业务扩展，发展成为一家以特种专用车、智能化装备研发、制造、销售为一体的国家高新技术企业、公安部警用装备协议供货目录

郑州铁路装备制造有限公司 马健 摄

企业、河南省知识产权优势企业。公司现有职工300余人。2011年，由于企业发展需要，河南鸿马实业有限公司主要生产区搬离辖区。

郑州海嘉食品有限公司 位于城东路263号，1993年12月成立，占地面积11万平方米。该公司是集面粉加工、食品生产为一体的、中国粮油进出口总公司旗下的大型综合性合资

郑州海嘉食品有限公司 马健 摄

企业。拥有全套引进的意大利奥克里姆制粉生产线、贝尔加制粉生产线及新型低温挂面生产线各 1 条，日处理加工小麦 760 吨。主要产品为“神象”“海嘉”牌系列高品质专用小麦粉，产品销往国内各地。2019 年，由于企业发展需要，郑州海嘉食品有限公司主要生产区搬离辖区。

现代物流

因郑州东站（现圃田西站）落户辖区，先后带动河南省商业储运有限公司、河南省郑州交通物资贸易公司、郑州油脂库、河南省粮工粮食储备库等仓储物流企业、郑州大象货运服务有限公司、河南中博物流有限公司入驻，仓储物流业成为辖区经济的主导产业。

圃田西站 全称为中国铁路郑州局集团有限公司郑州车务段圃田西车站，原郑州东站，位于货站街 142 号，始建于 1953 年 8 月，1957 年扩建为特等货运站。1979 年 9 月，新运转场建成开通，车站扩建为一站两场，6502 型大站电气集中设备投入使用，接发列车实现自动闭塞。1982 年 3 月晋升为特等站。1991 年 1 月，建成设计能力 45 万吨的集装箱货场。1993 年 9 月，建成生产管理现代化工程，工效提高 25 倍。1997 年 9 月，集装箱货场设计能力扩大到 100 万吨，成为全国铁路特大型集装箱基地和国内最大的国际集装箱公路铁路联运货场。1997 年 11 月，被国务院批准为国家一类口岸。2000 年，站区面积 124 公顷，货场面积 24 万平方米，线路 43 条，总延长 35.50 千米，有大型仓库 9 座，货物装卸线 9 条，装卸机械 133 台，最大起重能力 41 吨，另辖专用线 24 家、44 条，全站可同时装卸车 1188 辆。主要办理铁路整车、零担和集装箱货物的发送、到达和中转运输业务，承担铁路、公路、水路、联运、国际联运和外贸进出口运输，并负责货物承运前、到达后的代储、代运、接取送达等“一条龙”运输服务，年货物吞吐量 700 多万吨。2000 年年底，有职工 1340 人。2006 年以后，郑州东站的大部分站区被划分到其他铁路企业，大部分职工分流到其他企业。2012 年，随着新郑州东站建成使用，郑州东站更名为圃田西站。

郑州东站货物装卸老照片 圃田西站 供图

21世纪初的郑州货运东站 圃田西站 供图

圃田西站 马健 摄

河南省商业储运有限公司 位于货站街118号，成立于1953年，占地面积4万多平方米，在职员工80余人，是省管国有企业河南省中原石油天然气集团有限公司的全资子公司。公司以仓储经营为主，辅以白糖营销、物业管理等业务。客户类型以医药类（含冷链）企业为主，兼有日用品、食品、家电等行业，是众多跨国企业和国内知名品牌入驻河南市场的仓储服务商。公司是大自然床垫、美的电器、老板电器、波司登服装等国内外知名企业的城市配送中心，是北京同仁堂、华益医药等20余家医药供应商的城市药品分拣中心。

郑州大象货运服务有限公司 位于货站街34号，成立于2003年，占地面积2万多平方米，是一家主要为河南中烟工业有限责任公司承运烟草原料、丝束、成品卷烟等专业运输公司。注册资本249万元，员工200多人，各种运输车辆100多台，年运输能力10多万吨，年营运产值4000多万元。公司有奔驰、沃尔沃的重型牵引半挂车，与全国多个城市建立了运输合作网络。

河南中博物流有限公司 位于郑汴路89号，成立于2004年。主要承担家具、家电、厨具等家居用品的物流运输，拥有省内外运输专线170多条，业务辐射河南18个地市以及山西、山东、河北、安徽等周边多个省份，服务商户15万余家。2008年8月，以“河南中博物流港”的开建为契机，从家居物流运营商向家居物流集成商转型。

商务贸易

改革开放后，辖区商务贸易快速发展，经营规模不断扩大，呈现了良好的发展态势，专业市场逐渐崛起。进入新时代，开发特色资源、集聚业态品牌、扩大产业规模，引进河南华益药业有限责任公司、河南省国药医药集团有限公司、颜氏红木等商贸服务业，向高品质和多样化升级发展，更好地满足人民群众品质化、多元化、便利化消费需求。截至2022年年底，辖区有商贸服务业“四上企业”42家。

专业市场

河南中博家具中心 位于郑汴路89号，始建于1992年，占地面积20万平方米，营业面积30万平方米，入驻商户1200多家。原为郑州家具商场和郑州家电市场，是中部地区起步早、规模大、货品齐全的一站式家居用品营销、展示和配送基地。

河南中博家具中心之一　马健　摄

郑州厨具市场　位于东明南路15号，1998年4月开业（开业前为郑州市五金交电公司仓库），总面积1.60万平方米，经营场地面积8000平方米，仓库面积6000平方米，停车场面积2000平方米，设摊位100个。市场以批发经营大型厨具、饮食机械、酒店用品为主。

河南中博家具中心之二　孙军岭　供图

裕丰国际酒店用品城　位于管城回族区东明南路75号，成立于2008年6月，占地面积约6.67万平方米，经营面积约8万平方米，汇聚国际、国内知名品牌1000多个，商户300多家，涵盖了酒店用品的全系列产品。

河南裕丰物流有限公司　马健　摄

河南裕丰物流有限公司酒店餐饮用品展贸中心　马健　摄

红木家具市场 红木大观（郑州市融宇家具有限公司）位于商城路 142 号，2006 年 9 月成立，隶属于河南中博股份有限公司，入驻有近百家国内一线知名红木家具品牌，是中原地区重要的红木家具集散地；颜氏红木位于未来路 401–1 号，创办于 2010 年，隶属于郑州颜氏商贸有限公司，于 2020 年开始建设并打造郑州红木文化博物馆，展厅面积 2500 余平方米，定位为中原地区红木文化的收藏、保护、研究、交流、展示、教育中心；朱氏红木（郑州市管城区朱氏家具经销处）位于未来路 401–3 号，创建于 2008 年，主要产品有黄花梨、紫檀、老红木等。

医药产业

河南省医药有限公司 位于货站街 149 号，成立于 1951 年 7 月，经郑州市人民药房公私合营后扩充改建为中国医药公司河南分公司；1956 年，改为河南医药公司；注册资本 1.50 亿元，公司业务辐射全省 18 个地市，目前公司旗下拥有 2 家分公司、6 家子公司，在职职工 200 多人。是省政府指定的负责全省灾情、疫情用药储备和供应的定点单位，承担中央储备和省级储备任务；全省血友病人用药供应保障单位；全省医疗急救、戒毒用药供应保障单位；省药监局批准的精、麻药品定点经营单位。是具有 70 年历史的国有控股医药商业企业之一，见证并经历了新中国河南医药卫生事业的诞生与发展全过程。2022 年，销售额 35.38 亿元。

河南省国药医药集团有限公司 成立于 1992 年，2006 年搬迁至货站街 165 号，其前身是由中国郑州中药批发市场（中央企业）所属全民所有制国有企业“河南省国药医药开发公司”改制成立。2006 年，把仓库升级为标准库设置，公司名称变更为“河南省国药医药有限公司”。公司组建配送队伍，为郑州市及河南省内的各大医疗机构提供服务。2015 年，成立“河南省国药医药集团有限公司”，注册资本为 69319 万元。2022 年，销售额 5.12 亿元，业务涉及药品、医疗器械、保健品、食品的批发调拨，成为综合性的健康产业集团。

河南华益药业有限责任公司 位于货站北街 2 号，成立于 2001 年 6 月，是由自然人股东投资组建的股份制药品批发企业，注册资金 1.20 亿元人民币，公司经营范围：中药材、中成药、中药饮片、化学药制剂、抗生素制剂、生化药品、生物制品、蛋白同化制剂、肽类激素药品、化学原料药、抗生素原料药，医疗器械等。2022 年，销售额 5.16 亿元。

河南陆港医药有限公司 位于货站街142号附1—2号，成立于2017年2月，2018年6月通过国家GSP认证。公司经营范围：中成药、中药饮片、化学药制剂、抗生素、生化药品、生物药品（除疫苗）、第Ⅰ类医疗器械、第Ⅱ类医疗器械、原料药、仓储服务、医疗设备租赁等。2022年，不含税销售额4.16亿元，员工161人。

河南天宝医药有限公司 位于货站街142号口岸大厦5楼，成立于2020年9月，有员工59余名，2021年4月通过国家GSP认证。经营范围：中成药、中药饮片、化学药制剂、抗生素、生化药品、生物制品（除疫苗）、第Ⅰ类医疗器械、第Ⅱ类医疗器械、第Ⅲ类医疗器械、化学原料药、抗生素原料药、药品类体外诊断试剂等。2022年，公司销售额2.04亿元。

会展经济

河南中原国际博览中心有限公司 位于郑汴路96号，建成于1993年，占地面积14万平方米，室内展览面积2.30万平方米，室外展场面积3万平方米，是集展览场馆租赁、展会组织策划、展台设计搭建和展会配套服务为一体的专业会展企业，是河南省“八五”期间十大重点基础工程之一。中原国际博览中心地理位置优越，交通便利，西临“二七”商圈、直通郑州火车站，东接郑东新区，可快速抵达新郑国际机场和郑州高铁东站，北联郑州中央商务区，南通陇海快速路可达京港澳高速，是举办各类展览活动的理想场所。自运营以来，已举办“河南省国际投资贸易洽谈会”“郑州全国商品交易会”“中国中西部经济技术合作洽谈会”等千余场经贸文化展览活动。

楼宇经济

1996年，中原信托大厦建成，入驻企业8家，入驻率达到95%，楼宇经济和总部经济开始发展。

2005年，辖区共有中原信托大厦、兴亚商务大厦两座商业大厦，商务面积达到24315平方米。

2007年，新增永茂大厦，辖区楼宇商务面积达到44315平方米。

2013年，中原信托大厦引进河南中油联合石油天然气销售有限公司。

中原国际
A馆
中 原
ZHONG YUAN

中原国际博览中心　马健　摄

2014年，河南中油联合石油天然气销售有限公司被郑州市认定为总部企业。

2016年，三座商务楼宇入驻率达到95%。

2018年，25家企业变更注册地为本辖区，至此，三座商务楼宇入驻率和注册率均达到95%以上。街道办事处成立楼宇（总部）经济发展办公室，结合楼宇物业和社区工作人员，通过“互联网”和“大数据”等网络技术，建立商务楼宇企业数据库，实现楼宇企业信息的动态数字化管理。同时，依托“云招商”和“线上招商”等新型招商方式，引进更多优质企业，打造一批“专业楼宇”和“特色楼宇”。

2020年，原中原信托大厦改建为瑞喜酒店，辖区有兴亚商务大厦、永茂大厦两座商务楼宇。

截至2022年年底，二里岗街道两座商务楼宇入驻企业50余家，完成年度税收2300万元。

兴亚商务大厦 位于城东路18号，建成于2005年，建筑面积14135平方米，单层面积2500平方米。停车场车位45个，电梯2部。2018年，楼宇入驻率达到95%，注册率达到98%。

永茂世纪大厦 位于陇海东路328号，建成于2008年，共12层，占地面积1429平方米，建筑面积17148平方米，地下停车位50个，客梯3部，设施完善。2017年，大厦楼宇入驻率和注册率均达到98%。

民俗风情

LOCAL RECORDS OF ERLIGANG

生活习俗

婚嫁礼俗

相　亲　男女相亲多经过媒人说合，然后男女双方商议决定见面地方，一般是饭店或电影院。相亲是婚姻能否成功的重要环节，男女双方不仅衣着打扮要得体，言行举止还要谦和有礼。

提　亲　青年男女在经过一段时间的接触后，如果两情相悦，就会有谈婚论嫁的想法。男方由媒人领着去女方家中商议是否有结婚意愿，如果得到许可，需要问清女方及家长的要求，为订婚做准备。

订　婚　男女交往一段时间后，经过提亲，男女双方及家长相互满意后就可以订亲。订婚仪式选在双月双日，一般是双方父母见面，商谈一下孩子结婚的日期及具体事宜，同时男方父母送给准儿媳红包，亲事就算订下了。

看好儿、送好儿　“看好儿”就是选定结婚的好日子。吉日选定后，男方把选定的吉日写在红纸条上，由男方一位长辈送到女方家里，即为“送好儿”，同时商议筹办婚庆典礼的具体事宜。“送好儿”时间上有讲究，一般是双月双日。

20 世纪 90 年代辖区居民婚礼照片　二里岗街道办事处　供图

嫁 娶 娶亲之日，男方准备酒宴，张灯结彩，剪“喜”字贴大门，亲朋好友前来祝贺喝喜酒。婚前或结婚当天，亲戚、街坊邻居、朋友大都前来送礼、贺喜。过去贺礼有礼金、布料等，现在大多是结婚当天在酒店举办婚宴。

回 门 婚礼后第三天，新人回娘家看望父母，也称“归宁”或“新女婿”回门，娘家人一般会设宴款待。

岁时节俗

春 节 辖区居民从腊月二十三祭灶开始进入过年的状态：二十四打扫卫生、拆洗被褥；二十六添新衣、买年货；二十八贴上红红的春联、时尚新颖的年画、各种各样的大红福字；到了除夕，家家户户阖家欢聚，吃饺子、年夜饭，一起守岁，叙旧话新；正月初一晚辈给长辈拜年。传统的庆祝活动则从除夕一直持续到正月十五元宵节。春节期间，街道开展“献爱心 送温暖”慰问党员、困难家庭等活动，组织开展“我们的中国梦”新春进社区文艺汇演、新年手工作品展进社区等文体活动。

元宵节 元宵之夜，大街小巷张灯结彩，人们赏灯、猜灯谜、吃元宵，成为世代相沿的习俗。各社区开展“我们的节日·元宵节”主题系列活动。

燕归园社区迎新春活动 二里岗街道办事处 供图

铁路新村社区新春党群文艺汇演　二里岗街道办事处　供图

二月二　民间传说，每逢农历二月初二，是天上主管云雨的龙王抬头的日子。从此以后，雨水会逐渐增多起来。因此，这天就叫“春龙节”。辖区居民流行二月二当天去理发店剪头发，谚语说，“二月二剃龙头，一年都有精神头”，每逢二月二这一天，辖区理发

二里岗街道元宵节群众文化活动　二里岗街道办事处　供图

店都是顾客迎门，生意兴隆。在这一天理发，被称为“龙剃头”，亦有鸿运当头，精神饱满，时时吉祥之意。

清明节 清明寒食期间，民间有禁火寒食、祭祖扫墓、踏青郊游等习俗。随着时代的发展，清明节逐渐演化为一个祭祖、纪念离世亲人的节日。辖区居民清明节期间到公墓给已故亲人烧纸、祭拜。近年来按照移风易俗、开展文明祭祀的相关倡议，街道宣传提倡辖区居民改变传统祭扫方式，用现代文明、简约的方式表达传统情感，主动采用植树绿化等方式缅怀故人，倡导通过网络祭扫等远程祭扫方式遥寄思念，将中华民族尊重祖先、慎终追远的情感融入现代文明的表达方式，树立文明祭祀观念，倡导绿色祭祀新风，营造文明祭祀的社会氛围。

端午节 农历五月初五，是我国传统的端午节，又称端阳节、重五节。吃粽子、炸糖糕、门头插艾草等习俗在辖区盛行。开展“我们的节日·端午”系列活动，如志愿者包粽子送给困难群众、学校举行节日民俗文化普及活动等，各社区开展“粽叶飘香过端午，幸福和谐邻里情”和弘扬端午文化、传递浓情粽香等主题活动。

七夕节 每逢七夕节，辖区年轻夫妻或情侣之间互送鲜花或巧克力以示爱意。街道开展“温情七夕节·传承好家风”主题活动。

中秋节 农历八月十五称中秋节。中秋之夜，除了赏月、祭月、吃月饼，有些地方还有舞草龙、砌宝塔等活动。除月饼外，各种时令鲜果干果也是中秋夜的美食。街道组织社区党员、居民、志愿者举办“我们的节日·中秋”文艺演出活动，组织辖区小朋友开展

二里岗街道端午文艺汇演　二里岗街道办事处　供图

紫云社区日间照料中心中秋送温暖活动　二里岗街道办事处　供图

宇通花园社区中秋国庆双节文艺汇演　二里岗街道办事处　供图

二里岗街道2008年重阳节活动 二里岗街道办事处 供图

“做月饼 迎中秋”手工制作活动等，丰富辖区居民的节日生活。

重阳节 农历九月初九的重阳节活动有登高、赏菊、喝菊花酒、吃重阳糕、插茱萸等。每到重阳节，辖区一些居民会扶老携幼游览祖国名山大川，在放松身心的同时也对老人尽一份孝心。街道开展重阳节免费体检活动、重阳节趣味运动会、“九九重阳节，浓浓敬老情”主题活动，慰问辖区老党员、孤寡老人、空巢老人，为老人们送上祝福。

冬　至 冬至辖区居民家家户户都要吃饺子，相传吃了饺子不会冻掉耳朵。街道开展给困难群众送饺子志愿者活动、“包饺子 送祝福”等活动。

腊八节 腊八节最重要的活动是吃腊八粥，在民间则多以五谷杂粮加上红枣做成五颜六色的腊米粥，象征着五谷丰登，以此来欢庆丰收，这种民俗一直延续至今。街道开展腊八节“免费施粥祈福”活动、“浓情腊八粥 共建送温暖”志愿者服务活动等。

方言土语

马叽鸟儿 / 马蛣蟟：蝉

打麻缠：取闹

安生：安静

究：鸡子

长虫：蛇

老末儿：最后

当门儿：客厅

谷堆：蹲

迈曳曳：走路不看路

雏串：蚯蚓

赤马脚：光脚

角儿气：墙角落

得劲：舒服

不识闲儿：闲不住

薄气：刻薄、不厚道

扁食：饺子

空壳篓：空的

这种劲儿：这个样子

布拉布拉：擦擦

真排场：好看、俊俏

藏老闷儿：躲猫猫、捉迷藏

胳肢窝：腋窝

赖好：随便

老达：小叔

蛤蟆：青蛙

茅斯（茅子）：厕所

一筏儿：同龄人

摆桌：宴请

搁上：开始

叨菜：夹菜

看得儿：正好

烙馍：薄饼

油馍：油条

甜树杆：甘蔗

着：知道

不强中：不一定行

低脑：脑袋

招呼着：小心的意思

小：男孩

圈起：关闭

夯黑 / 揉夕：傍晚

今儿：今天

木牛 / 木任啥：没有

出溜 / 出绿：跑

墩儿：凳子

茶缸：水杯

甜汤：面汤

月奶奶：月亮

约莫：大约

城柳：城里

扎实：老年人身体健康

叽喳：吵闹

大约摸：估计

打发客：嫁女儿

油烙馍：油饼

蒜面：捞面

冷子：冰雹

烧云：晚霞

脖、脖儿梗：脖子

肩磨头：肩膀

妞：女孩

扳、撂：扔掉

明清儿：早上

夜黑：昨晚

布住：抱着

摆置：收拾

非物质文化遗产

古琴斫制技艺

古琴斫制技艺于 2012 年 11 月列入第二批管城回族区区级非物质文化遗产代表性项目名录。2013 年 7 月，列入第四批郑州市市级非物质文化遗产代表性项目名录。2016 年

6月，列入第四批河南省省级非物质文化遗产代表性项目名录，王栋是该项目代表性传承人，自幼随外祖父中州派斫琴师石振中先生学习制琴和古琴演奏，传续和保存了他们的传统技艺，使中州派古琴斫制技艺在中原得到了很好的保护与传承。传统古琴制作从原料加工到成品历经300多道工序，制作工期长达一年以上，其工艺难度，每个工艺步骤的完成状况以及工艺流程管理的严谨性都要求非常高。熟练掌握300多个步骤并可以在整个过程中完美统筹安排，从而最终制作出一张精美的古琴，对于古琴制作者来说是个很繁重而艰巨的工作。

传统髹漆技艺

传统髹漆技艺主要以生活用器物为表现形式，是具有场景化的实用器。通常选用郑州常见的桐木为底胎原料，采用素髹、犀皮漆、菠萝漆、金银平脱等工艺技法制作完成，在工艺美术界享有声誉。所制作的器物形式也是以民间常用的茶器、香器、家具、餐具等实用器为主。郑州髹漆技艺制作工艺复杂，工期漫长，一件器物完成工时甚至长达半年以上。

传统髹漆技艺于2012年11月列入第二批管城回族区区级非物质文化遗产代表性项目名录。2019年2月，列入第六批郑州市市级非物质文化遗产代表性项目名录。李波是该项目代表性传承人，其漆艺制作技艺为家族传承，并师从数位漆艺名家，善于使用金银隐藏在生漆的底层，利用对光产生折射显出器物华贵典雅光亮的美感。单件作品多采用几种或者数十种漆艺技法进行制作，工艺完整度高，轻薄耐用，不惧酸碱冷热，色彩表现丰富，光亮如镜、须眉可见。同时具有中原地区工艺美术制品一贯的高古、敦朴的特点。

篆刻技艺

篆刻技艺于2018年9月列入第五批管城回族区区级非物质文化遗产代表性项目名录，樊海洋是该项目代表性传承人。樊海洋在篆刻技艺上独具匠心，其篆书字体以较易辨识的简体篆书为主，篆刻以加大腕力的推刀为主。作品充满平民意识与朴实健康的审美情调，能让人感受到蓬勃的生命力。

传统髹漆技艺

古琴斫制

篆刻技艺

古法制香技艺

管城回族区文化旅游体育局　供图

古法制香制作技艺

古法制香制作技艺源于清代，兴于民国，是中国古老的传统手工技艺。朱氏古法制香制作技艺距今已有超过 105 年的历史。古法制香制作技艺由朱氏先辈创制，创始人朱广居。朱广居自幼跟随荥阳贾峪镇制香师父当学徒，逐渐掌握了古法制香工艺。得到师傅真传后将制香手艺迁至河南郑县，其子朱景坤随父开始研制古法制香，并于 1915 年创制了朱氏古法制香。经后人不断完善，形成了完整、系统的制作技艺，古法制香制作技艺形成了完善的传承谱系，其影响以郑州为中心辐射到附近县市和其他省份。2020 年，古法制香制作技艺列入第六批管城回族区区级非物质文化遗产代表性项目名录。

朱氏古法制香技艺第四代传承人朱莉，结合家传香方和现代生活需要，根据河南特定的地理环境，在原有的祖方上改良香料的发酵温度和湿度以及窖藏的温度和湿度，所制香料再通过窖藏达到二次发酵，在发酵过程中不断观察香料的变化，适量加减温度和控制湿度，使和合而成的香料味道更加醇厚及丰富多彩。

教科文卫

LOCAL RECORDS OF ERLIGANG

学校教育

1957年，金水回族区二里岗大道小学建成。1959年，郑州市第三十九中学建成。1981年，郑州市管城回族区电力机械厂幼儿园建成。截至2022年年底，辖区拥有初中1所、小学2所、幼儿园6所，共有202个教学班，教职工671名。

郑州市第三十九中学（左）和管城区回族区外国语小学（右）　马健　摄

辖区幼儿园户外活动　马健　摄

辖区幼儿园户外活动　马健　摄

郑州市第三十九中学

郑州市第三十九中学位于二里岗街道城东路 245 号，占地面积 2.32 万平方米，建筑面积 13459 平方米。始建于 1959 年 6 月，建校初期有 4 个初中教学班，后发展为初高中

1991 年三十九中学雷锋宣传车　郑州市第三十九中学　供图

三十九中课外活动　马健　摄

并存的完中。1988 年，发展为初中、第二预备役军校并存的职教学校；1998 年，经改造后确定为一所初级中学；2019 年年底，由市直学校转为区属学校。截至 2022 年年底，学校有教学班 30 个，学生 1214 人，教职工 107 人。该校是河南省绿色学校。

郑州市管城回族区外国语小学

原名金水回族区二里岗大道小学，始建于 1957 年，2002 年更名为郑州市管城回族区外国语小学。该校有 2 个校区，城东路校区学校位于城东路 28 号，占地面积 8262 平方米，建筑面积 9710.01 平方米；货站街校区位于货站街 126 号，占地面积 2959.25 平方米，建筑面积 4024 平方米。2019 年 7 月，原管城回族区货站街小学并入该校。2020 年 8 月，振兴路校区开始筹备。截至 2022 年年底，学校有教学班 83 个，其中三年级至六年级学生在城东路校区就读，共 55 个教学班；一年级和二年级学生在货站街校区就读，共 28 个教学班。学生 4492 人，教职工 241 人。该校是国家基础教育实验中心、外语研究中心实验学校、河南省分级阅读实验学校、河南省文明学校。

管城回族区外国语小学管乐团参加“红领巾奏响中国梦”比赛 二里岗街道办事处 供图

郑州市管城回族区实验小学

郑州市管城回族区实验小学位于二里岗街道城东路 242 号，曾用名二里岗大道第二小学、城东路第二小学，占地面积 7650 平方米，建筑面积 4851 平方米，始建于 1972 年。

管城回族区实验小学机器人实践课 管城回族区实验小学 供图

截至2022年年底，学校有教学班36个，学生1857人，教职工106人。

该校是我国首位女航天员刘洋的母校，2012年12月，经共青团郑州市管城回族区委批复，全国少先队第一支“刘洋中队”在该校诞生。

科技科普

郑州市社区科普大学铁路新村分校

郑州市社区科普大学铁路新村分校位于货站街120号，成立于2007年，是经市科协、区科协批准，由管城回族区二里岗街道办事处主办的一所公益性科普教育机构，旨在提升辖区居民科学素养，免费向辖区居民开展科普知识讲座。

铁路新村分校先后开展保护环境、健康生活、急救知识、心理健康等方面的科普知识讲座；围绕中华民族传统节日，组织举办各项科普活动；组织居民参加“低碳行，科普游”活动；组织居民参观郑州市科普教育基地大河村博物馆及郑州西吴河科普文化主题公园；组织分校学员参加科普骨干培训。

郑州市社区科普大学铁路新村分校剪纸活动　马健　摄

群众文化

二里岗街道在各种纪念日、节假日组织开展不同形式、不同规模的文娱活动，为各个社区配备必要的文化设施。

2005 年，开展多种形式的宣传教育活动，先后在社区建立读报组，设立街头图片展览橱窗，创办宣传科学卫生知识、表扬好人好事为主的黑板报。

2006 年，在五一劳动节和六一儿童节等节日，组织开展形式多样的文艺演出活动。

2007 年，开展健身活动，举办群众喜爱的体育比赛和活动。

2008 年，组织开展“文化服务进社区”文艺演出、电影播放等系列活动。

2009 年，开展“红色电影进社区”“唱红歌　颂党恩　庆七一”红歌比赛活动；组织铁路新村合唱队开展“中华人民共和国成立 60 周年”红歌传唱活动。

2010 年，在下辖社区建成文化活动中心，为辖区居民提供学习娱乐场所。

2011 年，组建老年合唱队、社区舞蹈队，有老年扇子舞、交谊舞、健身操、太极拳等活动队伍，在辖区内开展文艺活动。

2012 年，组织社区合唱队，参加郑州市科协举办的“唱响社区科普大学之歌”比赛；组织各社区开展多场文化惠民演出活动。

2013 年，利用春节、端午节、中秋节等节日，组织辖区居民开展群众文化活动。

2014 年，成立演出队，通过自编自演节目，宣传党的路线、方针、政策，全年举办文艺活动 20 多场。

2015 年，辖区业余文艺队达 10 多支，以文化惠民的方式举行“庆国庆　迎重阳”主题文艺汇演；举办晋王庙群众文化艺术节。

2016 年，“荷之韵”模特队成立，主要活动以模特表演、诗歌朗诵为主。综合文化服务站利用春节、端午节、中秋节等节日，组织辖区居民开展群众文化娱乐活动。

2017 年，各社区文化服务中心开展“闹元宵、猜灯谜、赢奖品”等传统文化活动。

2018 年，“舞之梦”舞蹈队成立，主要活动以秧歌现代舞的编排和演出为主，经常参加各类文艺比赛和文化活动。有《老妈妈》《红灯笼》《手拍鼓》等代表作品。开展“红色文艺轻骑兵下基层”“庆祝改革开放 40 周年”等大型文化惠民活动 40 余场。

2019 年，开展“春满中原”春节系列大型文化惠民活动；组织辖区 9 个社区文化服务中心开展“春满中原、迎新春、写春联”、象棋大赛、闹元宵等文化娱乐活动。成

“荷之韵”模特队走秀　马健　摄

“舞之梦”舞蹈队　马健　摄

铁路新村社区舞蹈队妇女节活动　二里岗街道办事处　供图

立城东路社区艺术团，在各种节庆日期间，开展唱歌、跳舞等演出活动，丰富辖区居民业余生活。

2020年，根据各社区的不同特点，组织开展各具特色的文体活动，广大群众多层次的文化需求得到满足。紫云社区开展“快乐星期天”“我们的节日”主题群众文化活动，燕归园社区开展“童心向党”主题系列活动，受到了群众的广泛好评。

2021年，开展“童心向党　护航成长”七彩夏日夏令营主题活动、“七一文艺汇演”大型汇报表演活动。认真落实“学党史、悟思想、办实事、开新局”的要求，开设书记讲堂，分包社区科级干部、各支部书记讲专题党课52次。

2022年，打响“暑期传统文化艺术节”品牌活动，依托新时代文明实践所、站活动室开设商王鼓、国风彩绘等传统文化课堂。

晋王庙群众文化艺术节　2015年，二里岗街道于晋王庙村组织举办晋王庙群众文化艺术节暨夏季庙会，围绕“记得住乡愁　守得住幸福”主题，依托晋王庙村历史文化背景，将城中村改造与历史文化传承结合，保存地域民俗文化，彰显地方特色。庙会活动时间为6月6—14日，历时9天。庙会分为群众文化艺术活动、非遗文化传承、特色传统小吃、

杨庄社区传统文化课堂 马健 摄

趣味活动比赛4个区域。群众文化艺术活动区，每天上演2场大型文艺演出，管城回族区文化馆、郑州市杂技团、河南省梨园春等艺术团体的演员们表演歌曲、舞蹈、戏曲、杂技等节目。非物质文化遗产展览区，众多民间艺人展示剪纸、面塑、糖画、烙画等传统艺术，传授民间技艺。

2015年晋王庙群众文化艺术节暨夏季庙会 二里岗街道办事处 供图

医疗卫生

郑州市管城回族区二里岗社区卫生服务中心

二里岗社区卫生服务中心始建于 2013 年，原址位于东明路与青年路交叉口路东 50 米。2022 年 8 月，迁至货站北街 2 号，占地面积 1175 平方米，建筑面积 3273.34 平方米。2013 年，经郑州市卫生局批准，由郑州市第一人民医院领办的一所非营利社区医疗机构，内设 15 个科室，有医务人员 71 名，辖货东卫生服务站、凤凰卫生服务站 2 个服务站，为社区居民提供基本医疗救治服务，服务范围覆盖二里岗街道下辖的 9 个社区。

中心设有全科诊室（含内科、外科、妇科、儿科）、中医科、康复理疗科、输液大厅、婴儿游泳抚触室、检验科、彩超室、心电图室、放射科、预防保健室、计划免疫室、儿保室、围保室、妇保室、健康宣教室、健康书屋、24 小时呼叫值班室等，设置住院床位 50 张，配备有全套康复器械，可供康复锻炼使用。下设家庭医生团队 9 组，负责各社区居民医疗、预防、康复、保健、健康教育指导等服务。

二里岗社区卫生服务中心是郑州市卫生健康系统食品安全工作先进单位、管城回族区疾病控制工作先进单位、管城回族区健康教育工作先进集体、示范性预防接种门诊。

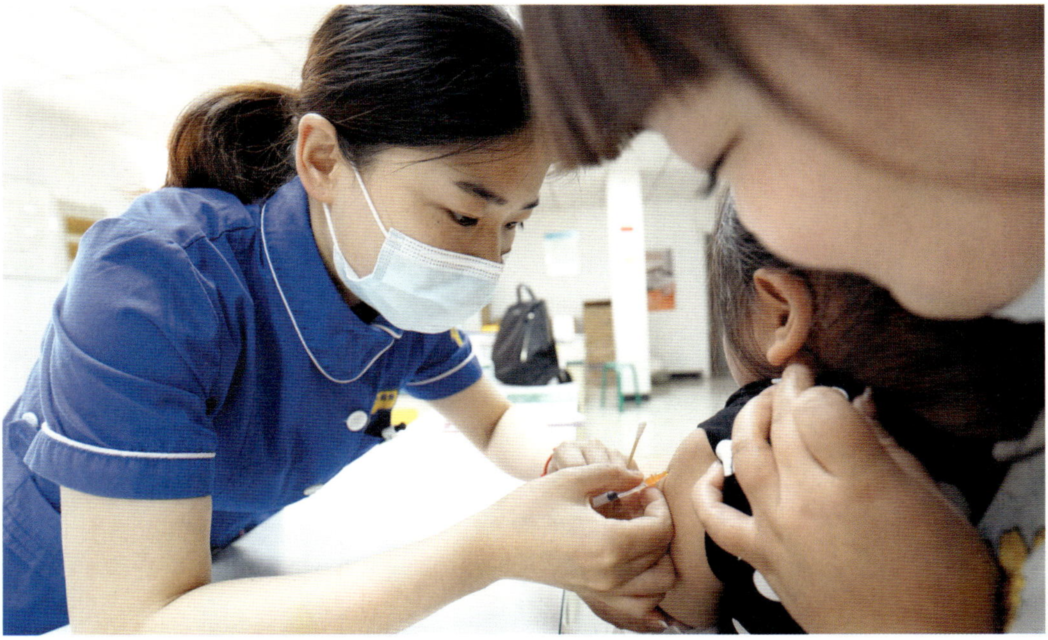

社区卫生服务站之一 马健 摄

社区卫生服务站之二 马健 摄

精神文明建设

2002 年，开展“道德规范进万家”活动，倡导从我做起，从家庭做起，从身边小事做起，争做文明户、文明市民，辖区 1000 多人参加。

2003 年，在社区放映革命历史题材影片，庆祝建军节，设立青少年德育教育实践日，组织少年儿童 90 人次参观消防特勤基地。

2004 年，开展文明单位、文明社区创建工作和文明市民“月点评”活动；全年推出市级文明单位 1 个、区级文明单位 2 个、区级文明市民 2 个；围绕纪念郑州商都 3600 年活动，宣传二里岗文化，弘扬和培育民族精神；开展争创“文明家庭”“学习型家庭”活动；在铁路新村社区开展创建文明城市万名志愿者奉献日活动；开展“我为文明做贡献”活动，每周六在重点小区楼院开展义务劳动。

2005 年，开展文明单位、文明社区创建工作，印制 1 万多份“致辖区全体居民的一封公开信”发放到居民家庭，制作大型橱窗软体广告 16 幅，举办“爱我家园”健康教育知识竞赛。

2006 年，在辖区单位、企业、市场和居民群众中广泛开展“文明礼仪万人行”活动。

2007 年，开展《公民道德建设纲要》《公民道德建设读本》为内容的群众教育活动。

2008 年，开展创建文明城市工作，提高市民对创建工作的参与率、知晓率、满意率；开展“迎奥运、讲文明、树新风”为主题的系列活动，宣传文明行为，营造良好城区环境。

2009 年，围绕中华人民共和国成立六十周年举办“爱国歌曲大家唱”活动；组织观看中华人民共和国成立六十周年大阅兵视频；举办“欢乐中原”等主题文化活动。

2010 年，动员社区公共单位与社区合作，组成 1 支具有特长的专、兼职社区教育志愿者队伍，至 2010 年年底，100 多名志愿者参与社区教育，举办读书知识竞赛、评选等群众性活动。

2011 年，举办“传播好家教　弘扬好家风　建设好家庭”暑期儿童安全教育讲座，辖区 50 多名儿童参加活动。

2012 年，组建二里岗街道党员志愿者服务队，联合辖区居民开展以关爱帮扶、环境保护为内容的活动，开展各类志愿服务 20 余次。

2013 年，开展以“争创文明城　你我齐参与”为主题的志愿者行动；开展“道德讲堂”宣讲等公民道德宣传实践系列活动。

2014 年，组织爱心志愿者队在辖区公共卫生区域义务清理垃圾；以“进机关　进社区　进企业　进学校”的宣传形式动员社区居民和企业参与节能减排降碳活动。

2015 年，结合世界卫生日，组织开展“营造卫生环境　健康与我同行”为主题的志愿者活动；组织社区开展卫生清洁志愿者服务活动；组织专家开设推介健康概念和健康生活方式的讲座。

2016 年，开展“家庭美德”为主题的道德讲堂，组织群众党员代表做分享。

2017 年，以弘扬雷锋精神为主题，开展学雷锋实践活动；联合辖区公共单位，利用党员志愿者服务站，开展爱心巡诊、免费体检、义务理发、免费就餐等活动；以“文明交通从我做起”为主题，开展文明交通行动专题宣传教育活动。

2018 年，在传统节日组织开展以“我们的节日”为主题的文化活动；开展“党的创新理论万场进基层”活动；成立志愿者队伍，在辖区义务为老人理发，为行动不便老人打扫卫生；开展“红色文艺轻骑兵下基层”活动；每周五开展“全城清洁”环境整治活动，提升辖区环境面貌，助力文明城市创建；街道办事处成立新时代文明实践所，各社区成立

2017 年二里岗街道联合辖区医院开展关爱环卫工人义诊活动　二里岗街道办事处　供图

2018 年 2 月 7 日，在绿都嘉园举行“我们的中国梦”新春进社区暨“红色文艺轻骑兵”授旗仪式　二里岗街道办事处　供图

新时代文明实践站，依托辖区资源，开展各类惠民活动。

2019 年，组织多支志愿者队伍，为全国第十一届少数民族传统体育运动会提供志愿服务；在辖区各个交通路口及公交站牌处开展文明交通、文明指引等志愿服务活动。

2020 年，依托综合文化服务中心、志愿者服务站、儿童之家等平台，持续开展各类各项活动达百余场，辖区居民幸福生活指数不断攀升。

2021 年，在重大节日期间通过“线上 + 线下”等方式，广泛开展敬老爱幼、助残帮困等志愿服务 120 余次，传承传统美德。把文明创建融入文化活动中，寓教于乐、潜移默化，以活动促文明素质提升。

2022 年，依托新时代文明实践所、站、志愿者服务站，在重点区域、重点时段、重点场所广泛开展敬老爱幼、助残帮困、文体活动、文化礼仪知识宣传、环保知识普及等志愿服务活动 100 余次。

志愿者为城东路社区艺术团老年舞蹈队做表演指导　马健　摄

杨庄社区新时代文明实践站之一　马健　摄

杨庄社区新时代文明实践站之二　马健　摄

街区管理

LOCAL RECORDS OF ERLIGANG

环卫管理

2000年，街道落实环卫体制改革，使环卫作业实现管干分离。

2001年8月，开展以取缔违章占道经营、清理积存垃圾、开展道路综合整治为重点的“双创”活动，即创文明城市、创文明景点。

2002年12月，选聘环卫人员57人，增设果皮箱177个。

2003年，清除各种违章占道经营4131处，清理各种广告、条幅、灯箱1678处，清理突出门店经营1798起，树木、线杆刷白671棵，清除无主垃圾316车，清理卫生死角29处、污水乱流27处。

2004年，组织清洗、粉饰辖区外墙立面约19800多平方米，拆除各种广告牌310块，更换门头、牌匾112块。

2005年，清理各种广告27648处、卫生死角249处、无主垃圾350处、污水46处，树木刷白656棵，划行车线350处。

2006年，组织签订门前三包责任书1000余份，清理占道经营900人次，取缔露天烧烤60处。

2007年，拆除违章建筑15034平方米，清理各种小广告3536处，清运垃圾1526立方米。

2008年，开展“垃圾不落地”活动，清理杂物2000余处、卫生死角400余处。

2009年，清理各种小广告17648处、卫生死角49处、污水46处，清运垃圾334立方米。

2010年，创建全国文明城市，取缔占道经营、突出门店500多处，整治门头牌匾175处，划停车线350处，修铺道路761平方米。

2011年，开展市容环境卫生专项整治活动，共清理垃圾650吨，整治、拆除门头273个，清理卫生死角207处，修补路面、台阶2000平方米，粉饰楼体、楼道、墙体38000平方米，清理垃圾、拆除违章建筑5000平方米，修补居民区地面12000平方米。

2012年，捆扎电线8千米，清理建筑垃圾6车，清理占道经营、突出门店经营200余处，下达整改通知179处，取缔废品收购站2处。

2013年，整治查处违章广告设施、广告灯箱，拆除LED灯箱50处，拆除墙体广告8处、小广告518处、软体条幅26处、移动灯箱38处，清理橱窗广告186处。

2014年，拆除违建简易房和钢架房2处，粉饰外墙立面1423平方米，清除大型广告5处。

2015年，拆除辖区楼院违建170处2900余平方米，增设垃圾桶200个，清理楼院小广告 8000 余处，粉刷墙面 4300 余平方米，新增防鼠设施 2000 个、灭蚊蝇设施 3000 个，清理积存垃圾 956 立方米。

2016 年，实行日常监管和集中整治相结合工作机制，推进“四乱”（车辆停放乱、占道经营店外经营乱、垃圾堆放乱、重点区域部位乱）整治、违章建筑整治，数字城管平台案件结案率达到 100%。

2017 年，处置各类数字城管平台案件（包括违章广告、乱堆物料、沿街晾挂、占道经营等 27 类问题）31400 余起。

2018 年，聘用环卫清洁保洁人员 142 名，组织“全城清洁”行动 48 次。

2019 年，投入专项资金集中聘用清扫工人，提升道路清扫保洁质量，每日对辖区主、次干道道路、绿化带进行洒水冲洗，对沿街道路果皮箱、护栏进行擦洗，做到定人定岗，垃圾日产日清；清理各类小广告 3800 余处，清理楼院垃圾 1000 立方米，清理私拉乱扯电线问题 480 余个，修复破损鼠饵洞 50 余个。

2020 年，清理各类广告 3800 余处、楼院垃圾 1700 立方米，处理私拉乱扯电线问题 480 个，修复更换破损鼠饵洞 400 余个，更换健康教育专栏 620 余块，更换自管道路破损井盖 10 个，维修路边破损垃圾箱 20 个，组织“全城清洁活动”44 次，拆除违章建筑 18 处。

2021 年，清理各类广告 3300 余处，清运垃圾杂物 1800 立方米，更换健康教育专栏 620 余块，组织开展“全城清洁活动”38 次。

宇通花园社区居民生活环境整治提升　马健　摄

2022 年，道路清扫保洁外包，清理各类广告 2400 余处，清运垃圾杂物 900 立方米，更换健康教育专栏 297 块，组织开展“全城清洁活动”32 次。

治安管理

2002 年 4 月，下辖 6 个社区全部建立社区巡防队伍，巡防队员 24 小时值班巡逻，确保辖区居民生命财产安全。

2003 年，加强 6 支社区治安巡防队伍建设，巡防队员增加至 52 人。

2004 年，选聘 7 名专职信息员和 70 名流动信息员，开通 7 条民情热线，畅通信息渠道；全年同辖区 53 个单位、7 个社区居委会、7 个复杂场所、12 个建筑工地、8 个金融网点签订社会治安防范管理工作目标责任书，签订率达到 100%。

2005 年，开展“争创无毒社区”活动，辖区 7 个社区被区政府评为“无毒社区”；优化和改善企业及学校周边环境，进行集中清理清查 4 次，取缔违章占道 5 处。

2006 年，开展以“平安管城建设”为主题的平安建设宣传月活动，制订宣传版块 20 块、宣传条幅 15 条，在主干道陇海路绘制 100 多平方米的平安建设宣传画廊；开展《国家安全法》《劳动法》《婚姻法》等法律法规知识图片展和宣传咨询活动，发放宣传资料 150 余份，接待群众咨询 200 余人次。

2007 年，建立监控平台 29 个，安装监控探头 320 个，辖区机关、企事业单位以及大型文体场所、重点部门、要害部位可视监控率达到 100%。

2008 年，与圃田西站派出所联合向铁路沿线学校、居民开展护路宣传活动，发放宣传资料 500 多份。

2009 年，成立社会治安综合治理办公室，下辖 8 个社区设立社区综治联络员。

2010 年，与辖区公共单位签订平安建设目标保证书、铁路护路保证书，签订率 100%。

2011 年，辖区巡防队参与调解民事纠纷 150 多起，做好人好事 400 多件，帮助居民找回电动车、自行车 26 辆，直接或间接挽回经济损失 650 余万元。

2012 年，街道构建警防网、民防网、技防网三网并举的打击、防范体系。

2013 年，开展校园周边、网吧等重点区域“一打击、两整治”专项治理活动，清理无证商户 41 户。

2014 年，加强治安防控体系建设，组建 9 支治安巡逻队，以交通要道、重要部位和社会治安复杂区域、人口密集区域为重点，加强防控，加强社会治安重点地区和突出治安问题排查整治。

2015 年，开展平安创建活动，制作大型户外喷绘广告 8 个、宣传长廊 3 处、社区楼院写真板 300 余块、温馨提示牌 2000 余块、平安巡防红袖箍 300 多个、“致居民的一封信” 20000 份、“便民服务联系卡” 10000 张。

2016 年，开展“关注平安郑州、打造和谐社会”系列主题宣传活动，发放安全常识手册 20000 余份、“致居民的一封信” 20000 余份，被中共郑州市委、郑州市人民政府评为郑州市平安建设先进乡（镇、街道）。

2017 年，建成燕归园社区综治中心办公用房，并投入使用。

2018 年，开展预防未成年人溺亡集中宣传活动，开展大型宣传活动 8 次、制作未成年人防溺亡宣传条幅 20 余条、宣传墙体 1 处、宣传栏 9 处，累计制作防溺亡宣传彩页 3000 余份、展板 12 块，签订“防溺水安全责任书” 1300 余份。

2019 年，推进“七五”普法和“法律七进”工作，全年开展普法宣传活动 20 余次。

2020 年，建成街道视频监控中心 1 个，引入区级视频监控中心信号 124 个。

2021 年，开展社会治安重点地区排查整治和突出治安问题排查整治活动，联合辖区派出所民警和巡防队员，加强对无主管楼院、案件高发路段和地铁口巡逻防控，排查整治

开展小学生防溺水宣传 二里岗街道办事处 供图

重点地区5处，保障辖区内电动车停放安全。

2022年，深入开展矛盾化解工作，累计走访群众4.2万人次，排查矛盾纠纷263起，化解率100%。开展防范电信网络诈骗、打击整治养老诈骗专项行动，印发宣传展板10个、宣传彩页3000份，开展宣传活动20余次。荣获2022年度“平安建设先进单位”称号。

人口管理

2004年，辖区出生婴儿427名。

2005年，辖区出生婴儿424名。

2006年，辖区出生婴儿355名。

2007年，辖区出生婴儿414名。

2008年，辖区出生婴儿346名。

2009年，辖区出生婴儿385名；常住人口信息全部录入MIS系统，全员建档管理率100%。

2010年，辖区出生婴儿325名；已婚育龄妇女管理率、计算机录入准确率100%。

2011年，辖区出生婴儿234名。

2012年，辖区出生婴儿276名。

2013年，辖区出生婴儿224名。

2014年，辖区出生婴儿242名；已婚育龄妇女管理率、计算机录入准确率100%。

2015年，辖区出生婴儿196名。

2016年，辖区出生婴儿397名；发放各项宣传册3700余份、宣传用品1000余份；组织260名育龄妇女参加“两癌筛查”。

2017年，辖区出生婴儿412名。

2018年，辖区出生婴儿321名；已婚育龄妇女管理率、计算机录入准确率100%。

2019年，辖区出生婴儿251名；已婚育龄妇女管理率、计算机录入准确率100%。

2020年，辖区出生婴儿145名；全年开展妇女“两癌筛查”宣传活动10次，发放宣传页1250份。

2021年，辖区出生婴儿124名；已婚育龄妇女管理率、计算机录入准确率100%。

2022年，辖区出生婴儿85名；已婚育龄妇女管理率、计算机录入准确率100%。

街区人物

LOCAL RECORDS OF ERLIGANG

韩维周

韩维周（1908—1961），河南巩义人。考古学家，曾经的河南省古迹研究会会员，郑州商城的发现者。1950年秋，当时的郑州市南学街小学教师韩维周在郑州市城南二里岗一带查看时，在施工现场意外发现并采集了一部分绳纹陶片和磨光石器，经过鉴定属于商代文化遗存，由此拉开郑州商代遗址发现的序幕。

窦希义

窦希义，男，汉族，1912年出生，属二里岗街道宇通花园社区，祖籍山东省博兴县，1948年参加支前民兵，1948年8月在山东邹平长山对敌作战中牺牲。

宋兆铭

宋兆铭，男，汉族，1915年出生，属二里岗街道凤凰路社区，祖籍河北省安国县，1937年参加革命，1938年入党，1939年在河北新乐县对敌斗争中牺牲。

刘钦峰

刘钦峰，男，汉族，1921年出生，属二里岗街道铁路新村社区，祖籍河南省内黄县，1942年参加革命，1942年10月在对敌斗争中牺牲。

周景新

周景新，男，汉族，1950年出生，属二里岗街道燕归园社区，祖籍河南省安阳县。1968年入伍，1969年12月入党，1979年9月因公牺牲。

岳鑫淼

岳鑫淼，男，汉族，1958 年出生，属二里岗街道杨庄社区，祖籍河南省登封市，1978 年 3 月入伍，1979 年 2 月 18 日在对越自卫反击战中牺牲。

何嘉静

何嘉静，女，汉族，1967 年出生，属二里岗街道铁路新村社区，祖籍河南省开封市，1985 年参加工作，郑州铁路分局客运段列车员。1988 年 1 月 18 日因抢救、保护国家财产、集体财产、公民生命财产牺牲。

大事记

LOCAL RECORDS OF ERLIGANG

1950年，郑州市南学街小学教师韩维周在二里岗首次发现商代遗物。

1952年，文化部社会文化事业管理局、中国科学院考古研究所和北京大学联合举办的第一届考古工作人员训练班对二里岗遗址开始进行大规模考古发掘；郑州市毛巾床单厂创建。

1953年1月，原河南省文化局文物队在二里岗遗址开始进行大规模考古发掘；4月、9月，在郑州商城东南郊二里岗遗址先后发现两片甲骨文。一片龟甲上只有1个“㞢”字，另一片牛肋骨上，刻有“**又屯土羊乙貞从受十月**”10个字。经鉴定，均属于习刻字骨。这是在安阳殷墟之外难得发现的两片甲骨文。

1953年8月，郑州东站（现圃田西站）建设启动。

1953年12月，在二里岗北部发现一处长300米、宽7米、厚5米的商代夯土层。同时，文物部门在二里岗发现一座宋代砖室墓。墓室壁上有人物壁画和砖嵌浮雕。壁画是彩绘人像，朱红色，为黑发。浮雕有灯柱、柜、桌、椅、门、窗、井、尺、剪刀、勺、壶、盒等。随葬品有木质漆器、白瓷碗、小陶罐、木器、铁杖头、铜钱等。

1953—1955年，郑州市文物工作组配合二里岗一带筑路和基建工程，在今陇海东路与城东路交汇处发掘龙山文化遗址。遗址面积南北长约150米，东西宽约120米，总面积约18000平方米。通过考古发掘，该遗址遗迹、遗物丰富，遗迹有房基、灰坑、灶坑等。

郑州东站老站房　圃田西站　供图

遗物生产工具有铲、斧、刀、镰、镞、骨器、蚌器，生活用器有鼎和砂质罐、鬶、盉、杯、豆、碗、钵、盆、瓮、罐、澄滤器、器盖等。

1954 年，省文物部门在郑州二里岗和紫荆山两地，先后发掘二十个商代窖穴和三座铜器墓。出土铜斝、铜觚、铜爵、铜鬲、铜罍、铜刀，还有一些陶器、玉器和石器。

1954 年 5 月，郑州市郊区金水区凤凰乡的魏庄、陈庄、二里岗 3 个自然村合并成立二里岗街人民政府，属郑州市第一区。

1955 年，郑州市冶金工具厂创建；在郑州老城东南部二里岗带，即今货站街南侧建设郑州东站（现圃田西站）时，在距地表 2 米多深的地层内，出土有象牙白齿齿板化石、鸵鸟蛋化石等。经确认化石出自晚更新世地层内，时代应为旧石器晚期。

1956 年，二里岗街人民政府改为二里岗街道办事处。

1957 年，金水回族区二里岗大道小学（管城回族区外国语小学前身）建成。

1958 年 7 月，在郑州商城东南部的杨庄附近出土了一件商代大型玉璋。

1958 年 8 月，属郑州市管城区二里岗街道办事处；9 月，管城区所辖 10 个街道办事处合并为 5 个人民公社，属管城区南关人民公社。

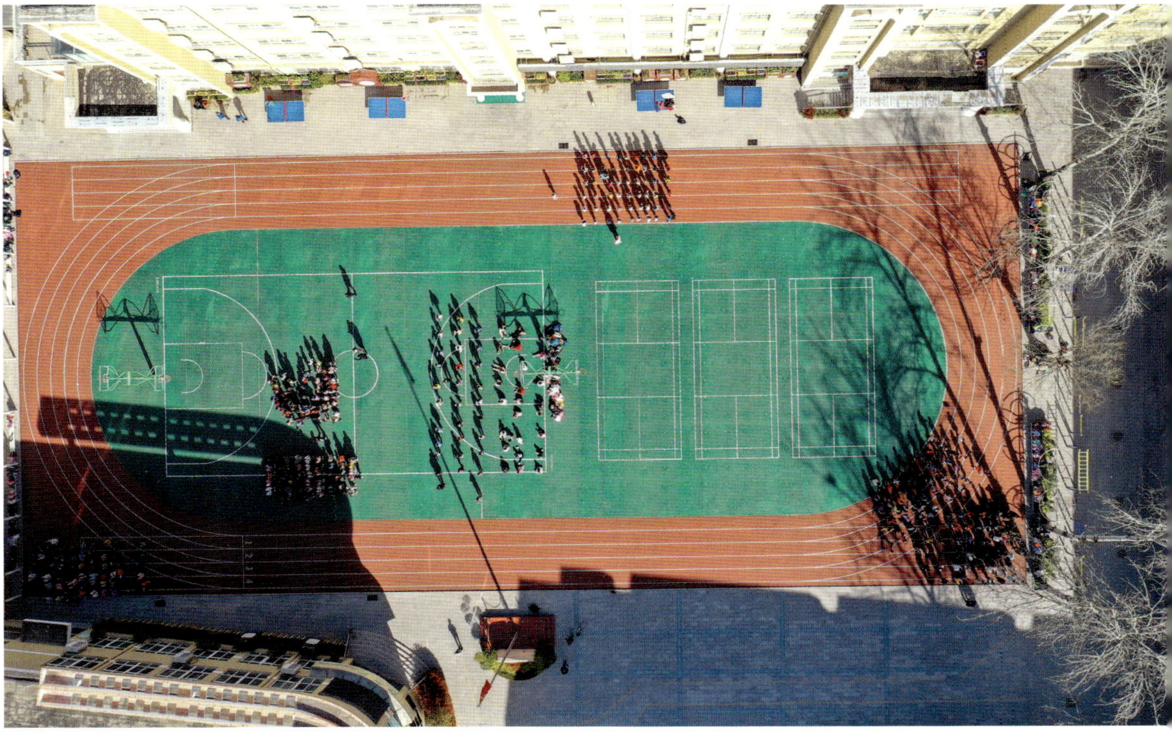

管城回族区外国语小学 马健 摄

1959 年 6 月，郑州市第三十九中学创建。

1963 年 3 月，以原郑州轻工机械厂为基础，成立河南省交通厅郑州客车修配厂。

1964 年，郑州市文物陈列馆在二里岗省商业局仓库所在地发掘商代灰坑，出土商代陶器等。在二里岗医药公司仓库所在地发掘宋代壁画墓。墓壁保存壁画及砖雕仿木构件、假门、桌、椅、壶、盒、衣架、灯、剪、熨斗等。在二里岗发掘空心砖墓，空心砖上书有“南”“北”字样；8 月，郑州机床修配厂创建。

1965 年，郑州市文物陈列馆在二里岗发掘明代砖室墓。

1966 年 5 月，水利电力部郑州阀门修配厂成立。

1972 年，郑州市管城回族区实验小学创建。

1979 年 9 月，郑州市博物馆在二里岗河南省商业局仓库西墙外发掘一座商代土坑墓，长 2.05 米、宽 0.55 米、深 0.15 米，出土铜爵 1 件，铜斝 1 件，玉柄形器（残）1 件。河南省文化局文物工作队在二里岗发掘铜器墓，出土铜斝、铜爵、玉柄形器等。

1979 年 9 月，郑州东站（现圃田西站）新运转场建成开通，车站扩建为一站两场。

1982 年 3 月，郑州东站（现圃田西站）被铁道部列为全国 23 个特等站之一。

1985 年 3 月，郑州市东升汽车配件商店建立。

1986 年，郑州东站（现圃田西站）被河南省委、省政府授予“文明货场”称号。

1987 年 5 月，郑州东北木器厂创建。

1988 年，郑州民族制革厂创建。

1990 年 8 月，二里岗集贸市场拆除；陇海东路拓宽改造工程启动。

1991 年 4 月，郑州市管城回族区二里岗街道办事处工会成立。

1992 年，河南省国药医药集团成立。

1993 年，中原国际博览中心建成并投入使用；郑州海嘉食品有限公司成立。

1995 年，二里岗机动车配件批发市场建成；郑州飞龙一次性餐具制品厂建立。

1996 年，中原信托大厦建成并投入使用。

1997 年 8 月，天伦凤凰路农贸市场建立；11 月，中宇假日酒店建立；同月，国务院下文批复开放郑州东站（现圃田西站）铁路货运口岸，这是中国内陆省份第一个陆路货运一类口岸。

1998 年，二里岗农贸市场建立。

1999 年 10 月，二里岗街道办事处被河南省爱国卫生委员会评为省级卫生先进单位。

21世纪初的二里岗街道　中共郑州市委宣传部　供图

2000年，魏庄东里和石化路2个居民委员会划属紫荆山南路办事处，郑汴路居民委员会划属东大街办事处；3月，成立东明路南居民委员会，街道下辖9个居民委员会。

2001年，二里岗街道人大工作委员会成立；管城回族区工商联合会二里岗分会支部委员会成立，并召开第一届会员大会。

2002年，被中共郑州市委、市政府评为创建国家卫生城市红旗单位、创建全国文明城市工作先进单位。

2003年，中共郑州市管城回族区二里岗街道办事处党委改建为中共郑州市管城回族区二里岗街道工作委员会；仁济医院成立。

2004年，紫云社区党支部成立。

2005年，被郑州市人事局、人防办评为郑州市人防建设先进单位；道路游园畅和园建成。

2006年10月，街道社区党组织换届选举工作启动。

2007年，永茂大厦建成。

2007年9月，郑州市文物考古研究院在城东路以东，陇海东路以北，货站北街以西的郑州电力机械厂发掘商代灰坑1个。平面呈长方形，四壁较直，底部较平。出土遗物主要为陶器，另有少量的骨器、石器等。陶片以泥质灰陶为主，少量夹砂灰陶和褐陶，纹饰

绿化提升改造后的畅和园　马健　摄

以绳纹、中粗绳纹为主，部分饰弦纹、素面纹、附加堆纹、环络纹等。器形主要有罐、鬲、盆、大口尊、豆、甑、斝、鬶、夹砂罐、缸等。骨器和石器多为生产用具，有骨刀、石铲等，还出土有卜骨。

2007 年 10 月，郑州市文物考古研究院在郑州市第三十九中学进行考古发掘，发掘面积 140 平方米。其中清理商代灰坑 2 个，汉代河道 1 条。灰坑为圆形和长方形，较为规整，内填灰色土，出土物有陶罐、陶鬲、陶盆、大口尊、石刀、石镰、石铲、骨镞、骨簪、骨匕等。河道为长条形，含大量的河沙、河卵石及少量的陶片、板瓦等。

2008 年，召开管城回族区第十四届人大代表补选大会。

2008 年 3 月，郑州市文物考古研究院在东明路与货站街交汇处，货站街南侧的郑州铁路东站货站街住宅楼进行考古发掘，共清理战国墓葬 15 座。均为竖穴土坑墓，墓葬形制较统一，方向多为南北向，部分呈东西向。墓葬有壁龛，在头向一侧。墓葬排列有一定的次序，大致呈东西向排列，南北布局，可分为二排。部分墓葬填土经过夯打。随葬品有陶器、铜器等。

2009 年，燕归园社区成立；长峰医院成立。

2010 年 10 月，辖区第六次人口普查工作启动。

2011 年 6 月，举办庆祝建党 90 周年“红歌大家唱”歌唱比赛。

2012 年 7 月，完成第四届社区居委会换届选举工作；11 月，陇海高架二里岗段拆迁工程启动。

2013 年 1 月 7 日，航天英雄刘洋重返郑州市管城回族区实验小学，看望母校师生，勉励少先队员好好学习，放飞理想；5 月，开展党员学习教育月系列活动。

2014 年 1 月，华隆建材市场外迁完成；11 月，召开管城回族区中博集团（原杨庄村）城中村改造中博公司片区一期搬迁工作动员大会；12 月，组织开展党的十八届四中全会精神宣讲活动。

2015 年 6 月，举办“记得住乡愁　守得住幸福”晋王庙群众文化艺术节暨夏季庙会；7 月，完成第五届社区居委会换届选举工作。

2016 年，燕归园社区被民政部评为全国综合减灾示范社区。

2017 年 9 月，开展“逐梦前行，砥砺奋进绘愿景”喜迎十九大系列主题活动；落实“河长制”工作要求，对辖区内河道和环境卫生进行“拉网式”排查整治。

2018 年，召开推选郑州市第十五届人大代表工作会议暨严肃推选纪律工作会；5 月，完成第六届社区居委会换届选举工作；6 月，货站街东明路片区（旧城改造）项目启动。

熊耳河　马健　摄

2019年1月，召开推进“路长制”市容市貌大提升动员部署会；5月，举行退役军人服务站揭牌仪式；9月，开展“不忘初心、牢记使命”主题教育集中学习研讨活动；11月，街道完成机构改革，设置了8个党政内设机构，分别是党政办公室、党建工作办公室、社会治安综合治理办公室（平安建设办公室）、综合执法办公室（生态环境保护办公室）、社区治理办公室（社会事务办公室）、城市管理办公室、经济发展办公室（营商环境管理办公室）、应急管理办公室，以及2个事业单位——便民服务中心（党群服务中心）、退役军人服务站（人力资源和社会保障服务所）；被中共河南省委、河南省人民政府评为省级文明单位。

2020年，街道积极开展疫情防控工作；3月，深化“三送一强”，助力企业开启“春忙”模式；7月，推进第七次全国人口普查工作；10月，管城回族区新的社会阶层人士联谊会二里岗联谊站挂牌仪式成功举行；12月，完成社区党组织换届“两推”工作。

2021年2月，完成第七届社区居委会换届选举工作；5月，机关党总支全体党员赴管城回族区党员初心馆参观学习；7月，召开“两优一先”表彰大会。

2021年7月20日，郑州遭受特大暴雨灾害，街道组织干部职工、企业及热心居民等应急救援力量，全力开展抢险救援防汛工作。

2022年3月，二里岗街道依法选举出管城区第十七届人大代表21人；6月，参加管城区第十七届人民代表大会一次会议；12月，参加管城区第十七届人民代表大会二次会议。

2022年7月，二里岗街道选举出72位街道居民议事代表；8月16日，二里岗街道召开第一届居民议事会第一次会议。

口述史

LOCAL RECORDS OF ERLIGANG

忆峥嵘岁月　守来时初心

口述：赵楼生
整理：安　宁

我叫赵楼生，今年 87 岁，是陇海路 315 号院的居民，1955 年 11 月入伍，于同年 12 月前往朝鲜，参与抗美援朝战后恢复和建设工作，在三八线上巡逻站岗。1956 年入党，已有 67 年党龄。1960 年转业到郑州煤矿学校，1970 年到电力机械厂工作，一直到退休。

说起抗美援朝，昔日的硝烟战火历历在目，《中国人民志愿军战歌》依然回荡在我耳旁。志愿军当时被称为祖国最可爱的人，因为无数人的浴血奋战，保卫了祖国的安全。在党的领导下，志愿军战士爬冰卧雪、在零下 38℃的战场上，枕戈待旦、奋勇搏杀，身边无数战友倒在了血泊中，他们用生命、用铁一般的意志和信仰，打碎了美帝国主义的侵略野心，保卫了新生的中国。

电视剧《三国演义》片尾曲中有句话说得很好，“黯淡了刀光剑影，远去了鼓角铮鸣”，好长时间不讲战争了，对这个战争很淡漠了，讲这些东西，不是为了让大家增加仇恨，而是要珍惜和平，抗美援朝是正确的，如果没有抗美援朝，过去有八国联军，现在就是十几国联军进攻，落后就会挨打，落后没有外交，抗美援朝打胜了，叫人刮目相看，这是中国人民真正站起来的关键胜利。

我退休后，始终以一个共产党员的标准严格要求自己，时刻关注社区建设，积极参与社区党建活动，在辖区多个社区为年轻党员讲党课，别开生面的党课将每位青年党员的思绪拉回到那个战火纷飞的年代，深切感受到当年的革命先辈们保家卫国、舍生忘死的豪气和担当。在社区党委的支持下，我用讲党课的形式诠释着一名共产党员对初心的坚守、对使命的践行，我会讲好我和党的故事，让广大青年党员不忘历史，铭记革命先烈丰功伟绩，感受和平来之不易，以自己的微薄之力为大家服务。

我希望年轻人要了解我们党的历史，珍惜当前的幸福生活，大家的幸福生活，是老一辈的革命家用生命换来的，现在一定要珍爱和平，一定要把我们的祖国建设好，没有强大的祖国，就没有个人的一切。作为一名共产党员，我不会忘记党的培养，我会永远保持本色，老老实实做一名合格的党员。我想对党说，永远跟党走，我要活到老做到老，鞠躬尽瘁，死而后已。

记忆中的郑州东站和货站街

口述：赵海莲
整理：李 倩

我叫赵海莲，今年 67 岁，是郑州铁路装备机械厂的一名退休工人。自 1977 年参加工作以来，我的生活和工作都在货站街上，见证了铁路的高速发展以及街道的日益美丽。

郑州东站最初叫二里岗车站，位于现在的货站街与东明路交叉口西南角。1953 年 8 月初，郑州车站货场迁至郑州二里岗，铁路工人们铲平沙丘、铺设铁轨，建立起了郑州东站，以分担郑州火车站的货运压力。郑州东站当时是亚洲最大的零担货物中转站、全国货运品类最全的车站之一。除了各种百货，像汽油、农药、坦克等物品，只有郑州东站拥有运输资质。最忙的时候，车站中转货棚中可以放下 36 节火车车厢，马路两侧货物堆积如山，职工有数千人之多。

那时候的长途货运全靠“铁老大”，郑州东站北边建起一条货运通道，西起城东路，东至未来路，因郑州东站而得名“货站街”。20 世纪七八十年代，货站街南北两侧仓库、工厂、饭馆很多，货运车辆络绎不绝，不少企业还建设了自己的铁路运输专线。再往后，像郑州海嘉食品有限公司、郑州第二面粉厂、河南省商业储运有限公司等许多有实力的单位都会在这里建仓库，中转、储藏货物，并为职工家属建成了家属院。21 世纪以来，公路运输兴起，铁路货运主力也被转移到了圃田货运场站，郑州东站运输量少了。铁路运输采取集装箱运输后，货物发到郑州东站就直接转运到相关单位，不再在铁路沿线设立仓库，这样货站街逐渐冷清下来。后来，随着二里岗街道转变经济发展模式，培育大型市场，建材、家具、家电等市场兴起，其仓储物流配套服务又让货站街焕发生机。

在半个多世纪的发展中，货站街因铁路货运而兴，因货运重心东移而衰，又因经济发展转型呈现出勃勃生机。那时候的货站街沿线，除了国有仓储单位在自有土地上建家属楼、学校，也有很多商人在郑州东站对面搭建简易货棚、盖起小楼居住，登高一望，能看到许多低矮的小平房和简陋仓库犬牙交错，当时的货站街东高西低，骑自行车爬不上陡坡，市民只能推车爬坡，拉板车的也要有人在后面帮忙才行。2003 年，货站街道路进行拓建，道路东西陡坡被削平；2012 年，未来路南北打通，货站街东西段连成一体；2016 年，陇海高架向东至中州大道全部开通，陇海高架东段改为货站街东段，交通变得更加便利。

20世纪80年代郑州东站职工文娱活动　圃田西站　供图

货站街文化墙　马健　摄

我居住在货站街上的铁路新村小区，2005 年退休后一直居住在这里，看着日益变好的街道，感受着社会发展为百姓带来的便利。

郑州市电焊条厂的变迁

口述：王爱国
整理：宋　艳

我叫王爱国，在郑州市电焊条厂工作了近 40 年，见证了电焊条厂的发展和变迁，对藏在郑州闹市区的老厂有着深厚的感情。

我们厂位于二里岗街道东明路南段 17 号，成立于 1966 年，占地面积有 2 万多平方米，是当时计划经济体制下的集体所有制企业。随着人员组成及隶属关系的变化，厂子几经分合，厂名也多次更改，一直到 1972 年，郑州市向阳电焊条厂与郑州市金属制品厂合并后，受原郑州市重工业管理局直接领导，更名为郑州市电焊条厂。

建厂初期，我们厂派职工到北京学习生产电焊条技术，赴京学习人员归郑后，开始制作涂粉机，为焊条上马做准备。我记得特别清楚，1968 年 5 月，第一台螺旋式涂粉机制成，正式投入生产电焊条，这是郑州市首次生产电焊条，填补了郑州市电焊条生产的空白。

1977 年以来，我们厂步入快速发展期，经过企业改革，建立管理机构，生产计划和调度都做到有章可循。焊条车间自动生产线规模逐年扩大，品种不断增多。我们厂年产量达到了 35000 余吨，可生产碳钢、耐热钢、低温钢、不锈钢、堆焊铸铁等 7 七大系列的电焊条和自动焊丝共 80 余个品种，产品销往国内各地，甚至走出了国门。职工人数也由 70 多人增加到了 600 多人。

最值得骄傲的是，我们厂是机械工业部电焊条生产的定点厂，是河南省电焊条生产的重点企业。对于厂子获得的这些荣誉称号，我都记得很清楚，1978 年被中共郑州市委评为“科技工作先进单位”；我们厂的药蕊焊丝项目，在郑州市机械工业技术表演交流会上获得优秀项目奖；还有我们厂生产的黄河牌结 422 电焊条获省优质产品称号，并连续 15 年保持省优称号；我们厂还先后被河南省人民政府评为“先进单位”“经济效益显著单位”。

退休之后，我和我们厂很多职工都住在厂家属院，厂子虽然经历了时代变迁，已经退出历史舞台，从曾经的生机勃勃走向了衰败，现如今也已经停产了，但是厂里还给我们发

郑州市电焊条厂化学分析车间　王爱国　供图

着退休工资，厂家属院也在政府的政策下进行了老旧小区改造。周边环境和生活品质越来越好，我们的退休生活也都过得有滋有味。

记忆中的郑州市第一食品机械厂

口述：石国敏

整理：杨嫩红

我叫石国敏，今年 68 岁，是郑州市第一食品机械厂的退休老职工，现在居住在货站北街 59 号院，对郑州第一食品机械厂的发展和变迁，我还是挺有感触的。现在的货站北街 58 号院（朝阳御景）是原来老厂的东门，小区的西边就是厂区，站在小区前，40 多年前的事情依然历历在目。

我是部队转业被分配到交通局车队的，在 80 年代初调入本厂（原名郑州机床修配厂），当时换了新环境，也感觉挺新鲜，我记得当时厂大门是在凤凰路路北，门向南，也就是现在的天伦小区东门。大门设计的比较仿古，门头上是一排金黄色的大字“郑州机床修配厂”，一进大门两边是一排排的车间厂房，机床设备摆列整齐，车床一阵阵的轰鸣声响个不停，大伙儿干得热火朝天。

这个厂是1965年客车修配厂创建组合的一个独立分厂，所以命名为郑州机床修配厂，70年代时被郑州汽车制造厂合并又划分出来，叫作汽车三分厂，没多久就又分开，叫回到原来的厂名郑州机床修配厂。厂内主要工作就是机床大修，生产机床及配件等。1985年，厂改名为郑州齿轮箱厂和郑州第一食品机械厂，隶属于郑州市重工业管理局。一厂两名，两条生产线，一条生产线主要生产齿轮配件产品，包括三种：一是机床齿轮配件，有一整套生产工艺和工装设备；二是汽车齿轮配件，主要产品有B1-130汽车变速箱、GYEQ-140汽车盆角齿（高原）、Za-140盆角齿、150C盆角齿；三是TY-6摩托车变速箱总成，年产达1万台。另一条生产线主要生产食品机械产品，磨浆机大小型号俱全。当时食品机械是该厂主要产品，质量可靠，在全国同类产品中享有盛名，生产规模居全国之首，属河南省包装和机械行业重点企业之一。我们厂设备比较先进，都是进口的，各类产品销往全国各地，深受百姓喜爱。

我们厂当时也是一个中小型国企，在职职工和退休人员加起来有几百人。20世纪90年代末，国有企业效益不好，我们厂也不例外。在1996年，我们厂被河南天伦有限公司收购，变成了民营企业，随着市场经济的发展和国有企业改革以及众多小型机械厂的兴建，郑州齿轮箱厂和天伦郑州第一食品机械厂效益持续下滑。1997年，在老厂原址上建立了凤凰路农贸市场、天伦小区，2000年，企业宣布破产，从此再无郑州齿轮箱厂和天伦郑州第一食品机械厂。2005年，建成朝阳御景小区。

现在食品机械厂虽然不在了，但是我仍记得它曾经的辉煌。回忆起过去，记得凤凰路城东路以东、东明路，都是小土坡路，没有路灯。但你看现在党的政策越来越好，社会发展越来越快，到处都是柏油马路，购物中心、大型超市随处可见，公交、地铁，交通十分方便。2020年，在党和政府的关怀下，又进行了老旧小区旧城改造，通过改造，我们的楼院更加精致，居民生活也越来越有品质。

20世纪80年代郑州市第一食品机械厂先进车间留念 石国敏 供图

晋王庙唤醒的历史记忆

口述：魏国安
整理：郭　璇

我叫魏国安，出生于1932年，1998年加入中国共产党，是晋王庙村的村民。我从小生活在晋王庙村，记事的时候，我常听村里老人提起，晋王庙原名为李卫公庙，纪念的是唐初名将李靖。该庙最早建于宋，经过后世的多次修葺和扩建，名气越来越大，附近居住的村民也越来越多，慢慢形成了晋王庙村。

我曾经看到书上这样描述修葺后的晋王庙：殿阁辉煌，雕梁画栋，丹青绘像，表里一新，是郑州人常去的地方。晋王庙一直都是郑州的主要庙宇之一。在我的印象里，晋王庙有大殿，大殿四角上挂着铜铃，大殿的门槛很高，小孩子需要爬着才能过去。大殿里正中央是晋王像，神像是用整棵树雕出来的，神像左右两旁各有四尊神像，也都是用树雕刻的。大殿的西北角有一口方井，我们叫做龙池。庙里面还有大鼓、铜磬、戏楼，西面有碾、磨，有四颗好大的槐树，已经不知道长多少年了。1944年，日寇攻占郑州后，晋王庙惨遭火焚，除宋真宗御制碑和一通修缮碑外，其余建筑基本无存。

晋王庙建筑虽然被毁，但是晋王庙的庙会已经成为本地习俗，保存了下来。中华人民共和国成立后，在每年阴历四月二十四，庙会上社火、杂耍、各种买卖热热闹闹，各种摊位一个挨一个，向南北望去，一眼望不到边，赶庙会就像是过年一样，虽然天热人多，但是丝毫不影响人们的心情，有人会画上浓浓的妆，穿上好看的衣服，扮上小丑，画个小旦，配上二胡就能直接唱起来，有模有样。庙会上还卖有日用品、农副产品、镰刀等农具。

1987年3月，现存的《灵显王庙赞》碑被列为郑州市重点文物保护单位，2015年，晋王庙的石碑和拴马石作为遗存遗迹，被文物部门保护了起来，我心里异常的感动，政府的这个工作保护的不仅仅是文物，更是保护了这片土地历史的记忆。李靖的故事深入人心，一千多年来，已经给郑州留下了宝贵的文化遗产，他在唐初开疆拓土中的传奇故事，即使在今天也依然能够感染人，鼓舞人。李靖的英雄故事，也为我们辖区居民的生活增加几许文化积淀。

2015年6月，晋王庙村举办了我印象中最深刻的庙会，连着举办了9天，有吹糖人、剪纸、烙画等省内非物质文化遗产传承人现场展示，还有舞龙、戏曲、模特秀等丰富多彩的文艺节目。欢腾的盘鼓、热闹的舞龙表演将我的记忆拉回历史的长河中，记住乡愁，守住幸福，留住心中的精神家园。现如今，辖区居民以各种各样的形式诉说着晋王庙和李靖的故事，不管时代如何变迁，庙会在大家的记忆里依然深刻清晰，永远都不会忘记，伴着一代又一代的人成长。

我生活三十多年的二里岗街道

口述：薛建中

整理：安　宁

我叫薛建中，今年 67 岁，从 20 世纪 80 年代初我就一直在二里岗街道生活。这些年，我看到街道的变化日新月异，辖区环境焕然一新，基础设施不断完善，居民的幸福感和获得感大大提升。

1983 年，我转业搬到二里岗街道居住，当时的货站街东高西低，骑自行车爬不上陡坡，市民只能推车爬坡，拉板车的也要有人在后面帮忙才行。

20 世纪 70、80 年代的时候，货站街沿线，除了国有仓储单位在自有土地上建家属楼、学校，附近有很多简易货棚、小平房和仓库，因人员流动量大，消防条件不达标，失窃、火灾等事件时有发生。90 年代的时候，政府下大力气整改，将简易货棚更改建为砖瓦结构的仓库，隔离仓库和居住区，情况有了好转。

1999 年以前，永茂大厦还是春兰空调销售部，货站北街 5 号是郑州医药公司仓库，再往南是万安锁业，现在是河南华益药业，管城回族区文化馆原址是破落不堪的旅社。未来路是机场专用铁路线，东明路至货站北街及以西是菜市场，陇海东路 316 号院原来是水利厅机械厂家属院，陇海东路 322 号绿都嘉园是水利厅机械厂的生产车间，陇海路的东端尽头是东明路，因缺少治理，杂物堆积，环境脏乱差，一到夏天到处飘荡着刺鼻的异味。

2003 年，郑州市货站街道路进行了扩宽平整，道路东西陡坡被削平，2012 年前后未来路南北打通，货站街东西段连成一体；陇海路不仅被打通，与货站街交汇，而且架起了高架桥。2015 年 1 月，郑州市区交通主动脉陇海路高架桥全线通车，这条高架桥全长约 29 千米，横穿郑州主城区，是郑州市区唯一直接贯穿东西并连接高速路的全程高架快速通道。

2019年以来，通过“一环十横十纵”道路提升项目，城东路和未来路沿街变得宽阔且平整，改造的时候，沿街建筑以“留”“改”“拆”为原则，保留原有特色、提升建筑风貌，通过拆除违法建筑，人居环境也得到逐步改善，途经未来路的地铁正如火如荼建设中。道路改造优化了交叉口交通组织，也提高了道路通行效率，看着宽敞的道路，心里也敞亮许多，日益增加的公交线路，让我们的出行越来越便利。

街道因地制宜，在主要路口、重点区域设置街头小品、口袋公园、道路庭院等，努力打造“一街一景，一路一色，三季有花，四季常青”的美丽宜居环境。位于货站街与城东路交叉口的货西园也进行了升级改造，我居住的陇海路315号院的院墙改为通绿院墙，让居民享受到更多的绿地和阳光。同时，通过老旧小区改造在楼院建起了立体停车场，加装电梯和人脸识别门禁系统，提高居民生活的安全度、舒适度。

从1983年到现在，一转眼已经30多年了，我看到宽敞的道路，街边的游园，整洁舒适的居住环境，感受着衣食住行日新月异的变化，日子过得越来越好，生活在这样的新时代，我的心里特别的骄傲。

辖区居民休闲生活 马健 摄

永葆教育初心

口述：刘东旺
整理：池艳红

我叫刘东旺，今年 84 岁，中共党员，1984 年开始就职于管城回族区外国语小学，我们学校的教育发展有很长的历史。1957 年 9 月学校建立，原来叫金水回族区二里岗大道小学，建立之初基础设施较差，师资力量相对薄弱，总共有 4 个年级，6 个教学班，学生有 250 多人，教职工 14 人。1972 年设立分校。1974 年秋，分校改为向阳区二里岗大道二小（现在的管城区实验小学），本校更名为向阳区二里岗大道第一小学。1984 年，学校又更名为管城回族区城东路第一小学。

为创新办学特色，我们学校在教学方式方法上也进行了很多探索和实验。1986 年，学校示范组建了一支涵盖 100 余名儿童的校鼓乐队，这也是管城回族区所有小学中唯一的一支鼓乐队。此支乐队多次参加省市乃至全国的学生比赛活动并获奖，为管城回族区、郑州市增光添彩。同期，为了改善教学质量，学校陆续对校内硬件设施进行改造。在寒暑假期间，将学生的桌凳彻底翻新，统一给教室、办公室安装上了电扇。为拓宽学生们的知识领域，我们还将闲置房屋改建为学生阅览室，利用课余时间，组织学生开展“阅读课外书”等活动，引导学生养成读书的好习惯。

20 世纪 90 年代，我们高度注重教师自身素质的提高，组织“让教师走出去到外地、外校听课学习、带回先进的教学理念”活动，并延续至今。

2002 年 6 月，学校更名为管城回族区外国语小学。2002 年 8 月以来，学校以“多元包容”为校训，以“全方位开放、特色化办学、内涵式发展”为理念，创办外语特色学校，潜心造就新一代，走出了一条崭新的特色教育之路，成功从三类学校步入到一类学校。

2003 年，我从单位退休，教职生涯虽然画上句号，但我依然关注着学生们的学习与成长。2013 年，为了更好地践行“国本为基，多元包容”的教育理念，学校设立了“管外国际文化节”。“管外国际文化节”是学生、教师、家长共同参与的集课堂、作业、评价为一体的教育改革，是集书香、优雅、活力校园建设等为一体的“管外大课程”。它以一个国家或地区为主题，全校师生通过阅读书籍，网络搜索，家校共行的方式，深入了解该国的各个方面，然后开展班级、年级、学校三级交流，并通过开放日进行全校展示。

管城回族区外国语小学体育课堂 马健 摄

2016年，学校发展日新月异，“外国语小学”有口皆碑，教学工具更加先进，教师水平不断提高，教学理念与教学方式相得益彰。学校提出新的办学理念，在学校德育、教育教研、教学研究、教师培养、办学条件改善等方面达成重点突破，在实践中不断拓宽德育之路，在创新中求思变，搭建多元交流平台，实现了全体教师的共同进步。

在我眼中的外国语小学，始终具有鲜明的创新奋进色彩，学校的教学质量之所以能不断提高，也正是因为不满足于“一般标准”，不局限于“传统教学模式”。近些年来，我为学校的蓬勃发展深感欣慰，教职工们永葆教育初心，践行为党育人的铮铮誓言，潜心造就新一代，努力创造更加灿烂的辉煌。

让志愿服务成为最温暖的名片

口述：朱素玲

整理：陈 丽

我叫朱素玲，今年72岁，土生土长的郑州人，家住在货站街上的紫薇小区，从事志愿服务有30多年了，我之前是郑州市土产公司的职工，在街道工作、生活了近40年，说起做志愿者，我是真的有太多故事想讲。

退休前我就在想，如果仅仅只是旅旅游、跳跳舞，不如用我退休后的时间发挥余热做一些更有意义的事情，我首先想到的就是做一名志愿者。曾经我也犹豫过，做志愿者就注定要牺牲大量的时间，居民素质参差不齐，不文明现象时有发生，大家对志愿者的工作也不理解。要是我做了志愿者就注定面对这些困难，可是我是一名共产党员，志愿服务的核心就是服务他人，造福社会，我愿意发挥志愿者精神，用正能量影响身边的人，回馈生我养我的地方，这就更加坚定我做志愿者的信心。

2000 年，从单位正式退休后，我就有了更多的时间投入到爱心公益事业中去。我召集了不少热心的居民群众成为志愿者，参与社区建设，发挥特长，和谐邻里，不仅为居民群众解决了一件件烦心事，更是让文明之风吹遍了社区的每个角落，我骄傲的对孩子说，我的名字叫志愿者。后来，我更是加入了郑州市管城回族区红十字会志愿者协会，成了一名红十字精神传播的志愿者，有了更大的舞台。近些年，在政府的引领和帮助下，我们根据志愿者的专业特长、志愿意向，增设了包括邻里守望相助、上门服务维修、社区文明创建等不同种类的志愿服务。通过开展各类志愿服务活动，也带动了辖区青年志愿者、热心群众、退休工人等奉献爱心和服务社会，营造出辖区“人人都参与志愿服务、人人都享有志愿服务”的良好氛围。

自从做志愿者以来，我受到过不少非议和打击。但每当想放弃的时候，我都在心里说，自己不仅仅是一名志愿者，更是一名光荣的共产党员，这 30 多年的付出，我觉得非常值得，一座城市之所以美丽，是因为它充满了爱，而志愿服务用点滴的小爱汇聚成人间大爱，为新时代添上五彩绚烂的一笔，我希望自己能用行动感染更多的人参与到志愿活动中来，我将会用心用情做好志愿服务工作，不断贡献自己的力量，让志愿服务成为二里岗街道最温暖的名片。

儿童健康成长的“第二家园”

口述：王桂玲

整理：白真真

我叫王桂玲，今年 61 岁了，家住在货站街 184 号院，退休前是在燕归园社区工作，我们社区是 2009 年成立的，成立之初，基础设施也比较薄弱，当时我们在货站街 180 号院二楼的一个房间里办公，之前负责过妇联工作，那时候院里的孩子一般都是放学了在院里玩玩儿就回家了。因为空间有限，孩子们也很少来社区。2012 年退休后，我也时刻关注着社区妇联和儿童工作。

俗话说得好："少年强则国强，少年进步则国进步。"让每一位少年儿童茁壮成长，是全党全社会共同的心愿。城乡社区要建设为儿童及其家庭提供游戏、娱乐、教育、卫生、社会心理支持和转介等服务的场所，被列入上级部门儿童发展规划要求，"儿童之家"项目被列入市政府重点工作。

2013 年，街道对社区升级改造，在管城回族区妇联支持下，社区"儿童之家"成立，当时一个大房间里边有儿童服务中心、图书阅览室等。社区组织辖区居民成立了志愿者服务队伍，我立刻就报名参加了，有活动的时候就来社区给孩子们读读书，想着退休后也能为辖区妇女儿童工作贡献一份自己的力量。

2018 年，为建好"儿童之家"小窗口，努力做好儿童健康成长"大文章"，打造孩子们的温馨家园，燕归园社区在街道妇联的支持下，提升"儿童之家"软硬件设施，"儿童之家"有了独立的活动室，辖区儿童也拥有了独立的活动区域。后来参加活动的孩子也慢慢多起来，街道联合社区招募党员、书法爱好者、社工、辖区部分公共单位人员等充实"志愿者"队伍，大家发挥各自特长，定期开展绘本阅读、DIY 手工、安全知识讲座等课程，引导孩子们在潜移默化中陶冶情操，增长见识。

其实，刚开始很少有人主动报名，家长们都抱着观望的态度，我和社区工作人员就去院里，知道谁家里有孩子的，就做工作让父母安心把孩子放到社区。后期为了方便组织活动，社区成立了"燕归园社区儿童之家"群，从刚开始的十几人到后来的几十人，现在群里已有 130 多人了，越来越多的家长陪着孩子一起参加活动，社区用贴心优质的服务建成儿童的成长乐园、家庭的幸福花园，很快也成为周边儿童和家长的"人气打卡地"。

2020 年，在区妇联组织开展暑期夏令营活动、防溺水等安全知识讲座的基础上，社区不断开拓思路，丰富活动内容，为"儿童之家"发展注入新的活力。根据儿童的年龄特点和实际需求，结合寒暑假、传统文化节日开展课堂辅导、创意手工、文艺汇演等活动，丰富孩子们的课外生活，促进孩子们的健康成长。同年，区妇联为燕归园社区"儿童之家"做了项目提升，增加了童趣墙绘元素和儿童绘本。2021 年，社区开始开展主题系列的文化活动，在建党一百周年来临之际，开展"童心向党——我的中国心"夏令营系列活动，培育和践行社会主义核心价值观，教育引导广大未成年人，热爱党、热爱祖国、热爱人民，

二里岗街道暑期夏令营 二里岗街道办事处 供图

德智体美劳全面发展，努力成长为担当民族复兴大任的时代新人。社区开展的各类儿童之家活动被郑州日报等市级以上媒体多次宣传报道，燕归园社区荣获管城区“儿童之家”示范点荣誉称号。

这些年，我亲眼见证了“儿童之家”的成长，它让孩子们有的玩有的学，还能交到好朋友，现在不出社区甚至不出小区，在家门口孩子们就能拥有“小天地”，我心里也觉得特别欣慰，和孩子们一起学习一起进步，每次看到他们在“儿童之家”充满欢声笑语，那一刻我发自心底地觉得“儿童之家”真正的成为了儿童健康成长的第二家园。

不忘来时路 薪火永相传

口述：王炳新

整理：郭 璇

我叫王炳新，今年 83 岁，是郑州市供电局的一名退休职工。我的孩子们曾问我最骄傲的是什么？我说是加入中国共产党，把我的青春年华献给了党和国家。

2021年6月，管城回族区召开“两优一先”暨党建引领创新创优项目表彰大会，我作为有着59年党龄的党员代表参加大会，并荣获了“光荣在党50年”纪念章。看着手中沉甸甸的奖章，我的记忆回到了过去。

1958年，我到郑州市供电局参加工作，1959年底的时候就去参军了，当时在部队里团长看我表现优秀，又懂文化，就推荐我入党。那是1962年7月，我加入了中国共产党。入党后，我在部队里先后立过2次三等功，那时候就想“既然来到这个世界，总不能空走一趟，总要实现自身的价值”。为此，在以后我不管是当知青，还是当抄表员，从来都没有放松对理论经典著作的学习，到现在“只有解放全人类才能最后解放无产阶级自己”依然是最使我感动、最使我振奋的一句话。

1964年，我转业至郑州市供电局，在抄表班做班长，我的任务是每月定时核算上缴电费。当时群众的素质还不高，工作也难做，但是整整十年我都能按时完成任务，就是靠有脚踏实地的勤奋和吃苦耐劳的坚韧。1979年，我到须水镇下乡务农，接受贫下中农再教育，面对繁重的体力劳动和艰苦的农村生活，我对自己说“共产党是先锋模范组织，共产党员是时代的先锋”，我心里始终有一个信念：做什么都要做到最好。靠着这样的信念，我和知青们克服了缺医少药、环境恶劣等困难，虚心学习、刻苦锻炼、逐步成长。后来我被推选为知青总支做副书记，负责党员教育以及知青和村民矛盾调解工作。当时的村民文化程度不高，不好管理，不良的习惯比较多，我就逐个走访，谈心做工作。我怀着共产党员最炽热的感情和对人民群众的爱，想群众所想，急群众所急，去开展工作，得到了须水镇供电新村群众的认可和支持。

1990年，从单位退休后，在东明路29号院辖区居住，作为一名共产党员，我一直积极关注社区发展。2003年，东明路社区党支部成立后，我主动参加社区党支部活动，更带动身边一批党员积极参加党组织活动，用实际行动诠释着一名优秀共产党员一心向党、一心为民的拳拳初心。我一朝入党，将始终跟随党的脚步砥砺前行，全心全意为社区作贡献，为社区居民服务。

附录

LOCAL RECORDS OF ERLIGANG

二里岗文化分期

商代二里岗期属于商代中期，延续时间较长，地层堆积很厚，遗迹、遗物相当丰富。在 20 世纪 50 年代郑州二里岗遗址发掘之初，考古工作者曾根据该地区商代遗址的地层叠压打破关系和陶器等遗物特征的明显不同，将郑州商代二里岗遗址划分为二里岗期下层和二里岗期上层两大期。随着对郑州商代二里岗期遗址发掘面积的扩大和新的地层关系的出现，以及各层出土陶器特征的一些变化，有些学者在原来划分为二里岗期下层和二里岗期上层前后两大期的基础上，又细分为二里岗下层一期、二期和二里岗上层一期、二期等前后四期，或二里岗期下层一段、二段和二里岗期上层一段、二段等前后四段。这些反映了对郑州商代二里岗期文化研究的新水平。

二里岗下层一期：陶器中的鬲和甗都为卷沿圆唇；斝的颈部瘦细而较长，颈与腹相接处稍显有折线；豆的圈足细高，且中部内凹有镂孔；爵的椭圆形口近平，有流、尾，腹部瘦细，平底；盆有鼓腹圜底盆和大敞口深腹斜壁平底盆：簋为敛口，深腹圆鼓，下附圈足；大口尊的口径略小于肩径，肩部凸起，在肩部的附加堆纹条带之间，多加有对称的兽面形握手，有的腹部还加饰几周附加堆纹带条。该期青铜器数量较少，有爵、斝、盉、鬲等 4 种。其中爵有素面爵，颈部饰弦纹爵，以及颈部饰弦纹、乳钉纹爵；斝有无柱顶帽、圆鼓腹、

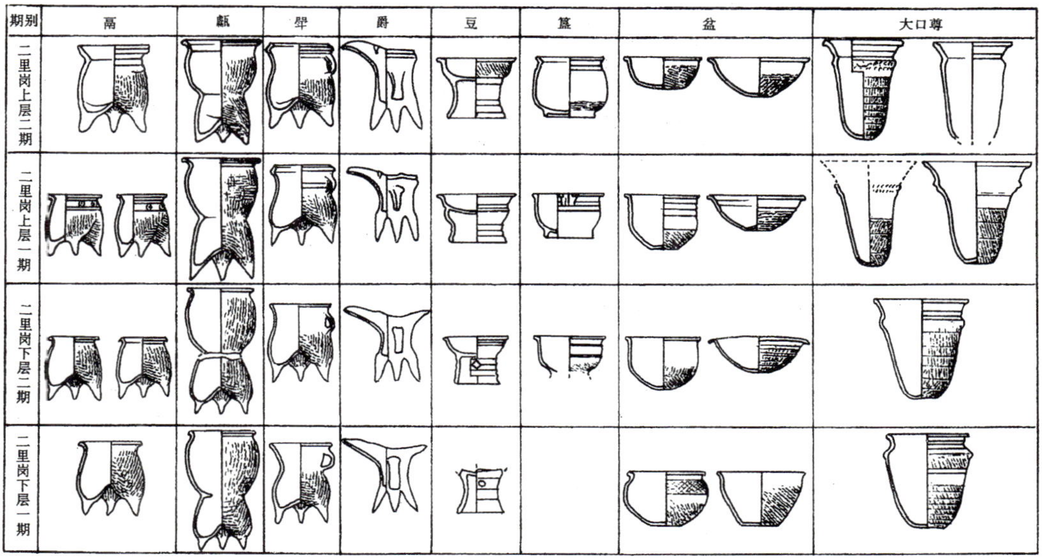

二里岗期陶器分期图

素面斝，还有与此相似，但颈部饰窄凸线弦纹和方格纹的斝；有颈部饰两周窄凸线弦纹的青铜盉；鬲为折沿，颈内收，深腹，分裆，袋状空足并有锥状高足尖。总之，铜器器壁较薄，纹饰简单。属于此期的遗存有东城墙、西城墙下压的灰沟，四面城墙夯土内最晚的陶片，城内东北部的 9 号房基（C8G9）和探方 62（C8T62）的夯土台基，还有黄委会青年公寓下的夯土台基，以及其它少量的灰坑。这是郑州商城的初创阶段。

二里岗下层二期：陶胎较一期稍厚，器表绳纹稍粗。除卷沿圆唇鬲外，新出一种数量较多的卷沿双唇鬲，即在唇面中部有一折棱，形成内厚外薄的双唇沿；陶甗除一期的卷沿圆唇外，新出现了卷沿双唇或唇沿加厚的方唇甗；陶斝颈部皆加粗变短，呈弧形内凹，且袋状足也较前稍直而略鼓；爵的腹部多变短而稍胖；陶豆的圈足中部稍向内收，圈足底部稍外侈，圈足中部多有对称的十字镂孔装饰；陶盆除少量和一期类同的敛口、圆鼓腹的圜底盆外，新出现了较多的直口、腹近直的圜底盆和大敞口、卷沿、浅腹圜底盆；陶簋为敛口，鼓腹，圜底，下附矮圈足，部分簋的颈部有加饰弦纹或方格纹带条；大口尊的颈部较一期加长，肩部凸起部分变低，口径一般大于肩径或与肩径相等，但在肩部只饰一周附加堆纹带条，很少再加饰兽面形握手，该期的青铜器种类增多，有爵、斝、盉、鬲、鼎、觚等 6 种。铜爵为窄长流，三棱体双柱顶帽作半月形，束腰，平底，三棱锥状足，腰部饰细弦纹或三角纹与方格纹或细线饕餮纹与联珠纹；铜斝有的为圆腹、圜底、颈部饰弦纹与联珠纹斝，有的为圆柱顶帽、腹略鼓、平底弦纹斝；盉为袋状足，外壁较直，颈部饰窄凸线饕餮纹；鬲为方棱体圆拱耳，肥胖袋状空足，饰弦纹和人字纹；鼎有直口、折沿、深腹略鼓、圜底弦纹鼎，还有颈部饰目纹的鼎；觚形体短粗，饰细线饕餮纹。此期，郑州商城城墙已经筑好并使用，其偏晚阶段已开始修建南城墙外侧和东城墙南段、西城墙南段外侧的外城墙。城内东北部有 15 号房基及其周围的夯土台基，16 号房基及其周围的夯土台基，以及 11 号、12 号、14 号房基等宫殿建筑均已使用。同时在黄河医院、黄委会水文局、省中医学院家属院、郑州回民中学、郑州变压器厂家属院均有这时期的夯土台基。南关外铸铜作坊、紫荆山外制骨作坊、铭功路制陶作坊也已经使用。在东南城郊的杨庄，在城内的东里路还发掘出这时期的铜器墓。这一切反映了郑州商城已进入初步繁荣时期。

二里岗上层一期：陶器胎壁一般较厚，器表绳纹较粗，但绳纹印痕比较清晰。陶鬲口部多为卷沿近折，其唇部有的下垂形成方唇，也有的沿面带一周似子母口的凹槽，袋状足稍直而鼓，颈部多饰有二周划纹或圆圈纹装饰；陶甗也多为卷沿近折，其唇部有的为方唇，也有的沿面中间为内凹的子母口，均为细腰，袋状足斜直瘦细；新出现一种敛口斝，窄方唇；陶爵有流无尾，腹部近直，底稍平；陶豆多作厚胎，浅盘，假腹；陶盆有直口直壁圜底深腹盆和大敞口折沿圜底浅腹盆；陶簋为直口，直壁，圜底下加圈足；大口尊均是大敞口，方唇，长颈斜向内收，肩微鼓接近消失，腹部细长，肩部饰一周附加堆纹，有的上腹部饰一周竖凹槽的窗棂纹。本期的青铜器种类最多，有爵、斝、盉、鬲、圆鼎、方鼎、扁足鼎、觚、尊、罍、盘、盂、卣等10多种。爵多为长流，短尾，颈斜而内束，腹略鼓，底较平，下附三锥状足，流口间有半月形顶帽的矮双柱或圆鼓形顶帽的双柱及独柱，颈部饰弦纹或饕餮纹；斝为大敞口，长颈向下内收，鼓腹，平底或微鼓，三锥状空足，口沿前部有二柱，口沿后部的颈与腹间有扁体弧形鋬；鬲为敛口，卷沿，深腹，袋状足加高足尖；鼎有大型方鼎、大型圆鼎、圜空腹锥状足鼎和浅腹扁足鼎；觚为大敞口，长颈，细腰或粗腰，平底，下有喇叭形圈足座，座上有镂孔；罍的颈与肩有折棱，深腹略鼓，下附带镂孔圈足，也有的颈与肩无明显分界；此外大敞口折肩鼓腹圈足尊、素面盘、中柱盂、提梁卣也别具一格。此期，郑州商城外城开始使用。过去的宫殿建筑有些仍在使用。城内东北部又修建了10号房基和8号、13号房基等宫殿建筑，靠近东城墙的医疗机械厂有101号、102号、103号等大型建筑基址。在宫殿区内还有大型石砌蓄水池、石砌供水管道、木结构框架的水井。此外，在城中部偏东的原郑州电力高等专科学校，也发现有大型建筑夯土台基和水井，说明宫殿区范围已经扩大。原有的铸铜、制陶、制骨作坊仍在生产使用，并在北城墙外新建一座铸铜作坊。在城郊的白家庄、杨庄、郑州烟厂、北二七路、铭功路、人民公园发现有铜器墓葬。在西城墙北段外侧的张寨南街和东南城角的向阳回族食品厂，发现了该期偏晚些时的青铜器窖藏祭祀坑。展示这一时期郑州商城人口较多、相当繁荣的景象。

二里岗上层二期：陶器的形制较大，胎壁明显加厚，绳纹更粗，但印痕变浅。陶鬲均为折沿，沿面斜上伸，唇部下垂折成方唇，颈部已绝少饰圆圈纹；陶甗口部唇沿多呈方折状，有的沿面还有一周凹槽，腹部圆鼓，袋状足更细瘦；陶斝的内折棱上多有一周凹槽；陶爵腹身上加长，底部已由平底发展成圜底；陶豆为浅盘，圈足座皆为上下粗而中间稍细的内凹弧形；陶簋为敛口，折沿，深腹下部圆鼓，下附矮圈足；陶盆多为大敞口，折沿，浅腹，圜底；大口尊为喇叭形口，方唇，长颈斜直，肩部微鼓，腹部加长，腹壁近直，有的在上腹部刻划竖条窗棂装饰，有的在肩部饰对称兽面形握手。本期铜器数量减少，有爵、斝、觚、鬲、尊、罍等。铜爵流较弯曲，尾较短，腹圆鼓，底部已稍成圜形，流口间双柱高且柱顶圆鼓；斝为大敞口，长颈内收，腹圆鼓，底部微凸近圜，口沿边双柱较高，柱顶饰涡纹；鬲为敛口，沿外卷，方唇，分裆，肥胖袋状足，矮圆锥状足尖；鼎为大口，沿外折，方唇，深腹略鼓，圜底，三锥状空足；觚为大敞口，长颈，束腰，平底，下有喇叭形圈足座，座底部周边有折棱，腰部饰饕餮纹，圈足上饰夔纹并有 3 个十字镂孔。

此期是郑州商城的衰落期，发现有西城墙南段外侧的青铜窖藏祭祀坑，一些手工作坊仍在继续使用，在宫殿区发现有绳纹板瓦，人民公园和白家庄发现该期墓葬。在白家庄一带发现有文化层和灰坑。

摘自《20 世纪河南考古发现与研究》

参考文献

[1] 郑州市管城回族区地方志办公室 . 管城回族区年鉴 2006. 呼和浩特 : 远方出版社，2006.

[2] 郑州市管城回族区地方志办公室 . 管城回族区年鉴 2007. 呼和浩特 : 远方出版社，2007.

[3] 郑州市管城回族区地方志办公室 . 管城回族区年鉴 2008. 呼和浩特 : 远方出版社，2008.

[4] 郑州市管城回族区地方志办公室 . 管城回族区年鉴 2009. 呼和浩特 : 远方出版社，2009.

[5] 郑州市管城回族区地方志办公室 . 管城回族区年鉴 2010. 呼和浩特 : 远方出版社，2010.

[6] 郑州市管城回族区地方志办公室 . 管城年鉴 2011. 郑州 : 中州古籍出版社，2011.

[7] 郑州市管城回族区地方志办公室 . 管城年鉴 2012. 郑州 : 中州古籍出版社，2012.

[8] 郑州市管城回族区地方志办公室 . 管城年鉴 2013. 郑州 : 中州古籍出版社，2014.

[9] 郑州市管城回族区地方志办公室 . 管城年鉴 2014. 郑州 : 中州古籍出版社，2014.

[10] 郑州市管城回族区地方志办公室 . 管城年鉴 2015. 郑州 : 中州古籍出版社，2015.

[11] 郑州市管城回族区地方志办公室 . 管城年鉴 2016. 郑州 : 中州古籍出版社，2016.

[12] 郑州市管城回族区地方志办公室 . 管城年鉴 2017. 郑州 : 中州古籍出版社，2017.

[13] 郑州市管城回族区地方志办公室 . 管城年鉴 2018. 郑州 : 中州古籍出版社，2019.

[14] 郑州市管城回族区地方志办公室 . 管城年鉴 2019. 郑州 : 中州古籍出版社，2019.

[15] 郑州市管城回族区地方志办公室 . 管城年鉴 2020. 郑州 : 中州古籍出版社，2020.

[16] 管城回族区文物局 . 管城回族区文物志 . 郑州 : 中州古籍出版社，2012.

[17] 郑州市地方史志编纂委员会 . 郑州市志 1. 郑州 : 中州古籍出版社，1999.

[18] 郑州市地方史志编纂委员会 . 郑州市志 2. 郑州 : 中州古籍出版社，1998.

[19] 郑州市地方史志编纂委员会 . 郑州市志 3. 郑州 : 中州古籍出版社，1997.

[20] 郑州市地方史志编纂委员会 . 郑州市志 4. 郑州 : 中州古籍出版社，1999.

[21] 郑州市地方史志编纂委员会 . 郑州市志 5. 郑州 : 中州古籍出版社，1998.

[22] 郑州市地方史志编纂委员会 . 郑州市志 6. 郑州 : 中州古籍出版社，1998.

[23] 郑州市地方史志编纂委员会 . 郑州市志 7. 郑州 : 中州古籍出版社，1998.

[24] 郑州市地方史志编纂委员会 . 郑州市志 8. 郑州 : 中州古籍出版社，2000.

[25] 郑州市管城区地方史志办公室 . 管城区街道图志 . 郑州 : 中州古籍出版社，2016.

[26] 郑州市管城区地方史志编纂委员会 . 郑州市管城回族区志 . 郑州 : 中州古籍出版社，1993.

[27] 郑州市地方史志办公室 . 郑州大辞典 . 郑州 : 中州古籍出版社，2002.

[28] 河南省地方史志办公室 . 河南历代方志集成 . 郑州 : 大象出版社，2017.

[29] 管城回族区地方史志编纂委员会 . 管城回族区志 (1991–2003). 郑州：中州古籍出版社，2009.

[30] 马玉鹏 . 郑州商城遗址保护 . 北京：科学出版社，2017.

[31] 河南省文物研究所 . 郑州商城考古新发现与研究 (1985–1992). 郑州：中州古籍出版社，1993.

[32] 程士玉 . 建设郑州新商都 . 郑州：河南人民出版社，1993.

[33] 郑州市管城回族区地名办公室 . 郑州商城考 . 郑州：中州古籍出版社，1993.

[34] 河南省文物考古研究所，郑州市文物考古研究所 . 郑州商代铜器窖藏 . 北京：科学出版社，1999.

[35] 郑州历史文化丛书编纂委员会 . 郑州市文物志 . 郑州：河南人民出版社，1999.

[36] 河南省文物考古研究所 . 郑州商城：1953—1985 年考古发掘报告 . 北京：文物出版社，2001.

[37] 杨育彬，袁广阔 .20 世纪河南考古发现与研究 . 郑州：中州古籍出版社，1997.

[38] 郑州市人民政府，中国古都学会，中国殷商文化学会 . 郑州商都 3600 年学术论文集 . 郑州：中州古籍出版社，2004.

[39] 郑州市人民政府，中国古都学会 . 郑州商都 3600 年学术研讨会暨中国古都学会 2004 年年会论文选编 . 郑州：中州古籍出社，2005.

[40] 郑州博物馆 . 郑州博物馆文物集粹 . 郑州：中州古籍出版社，2018.

编纂始末

根据中国地方志工作办公室《中国名街志文化工程实施方案》部署，开发利用地方志文化资源，传承乡土历史文化，保存乡土文化记忆，充分发挥地方志“资政、教化、存史”功能，是一项意义重大的工作。

《二里岗街道志》编纂之始，编纂团队立足于展现二里岗街道的发展特点和独有价值，统合古今，详今略古。对中华人民共和国成立以后，特别是中共十一届三中全会以来所发生的重要史实进行重点记述，深入挖掘二里岗街道锐意进取的发展历程、改革创新的人文精神。

《二里岗街道志》从街情特点出发，突出特色和重要史实，在篇目设置上力图有所创新，在语言上努力追求朴实、严谨、简洁、流畅，增加可读性。

《二里岗街道志》坚持生不立传的原则。因此，有一批曾对二里岗街道政治、经济、社会、文化发展做出过诸多奉献的贤达俊杰未能入选本志，在此我们深表歉意。

在《二里岗街道志》编纂过程中，得到了中共郑州市委党史和地方史志研究室、中共管城区委党史和地方史志研究室的帮助和指导，为本书的顺利出版提供了大力帮助。同时，二里岗街道办事处十分重视街道志的编纂工作，街道党工委书记单书欣、办事处主任郝振宇多次对街道志编写提出要求，审核提纲。街道党工委副书记、人大工委主任闫亚飞，街道党工委副书记、政法委员、政协工委原主任巴京，党工委原委员曹莹莹具体负责协调各领域、党政办公室牵头，合力支持街道志编写工作，街道各部门以及相关单位积极提供资料。在此谨向为本书付出辛勤劳动的两级党史和方志部门和街道领导以及参与编辑的工作人员致以衷心的感谢！

因本书中所选照片及文章众多，部分作品未能在出版前及时联系到著作权人，请著作权人看到后与我们联系，我们将奉上稿酬。

《二里岗街道志》编纂工作，时间仓促，资料分散，加之理论水平有限，才疏学浅，虽潜心编纂，数易其稿，其错误和遗漏的地方在所难免，敬请社会各界人士和专家学者批评指正。

《二里岗街道志》编纂委员会

2023 年 9 月

俯瞰二里岗街道　马健　摄

二里岗街道一瞥　马健　摄

陇海铁路　马健　摄

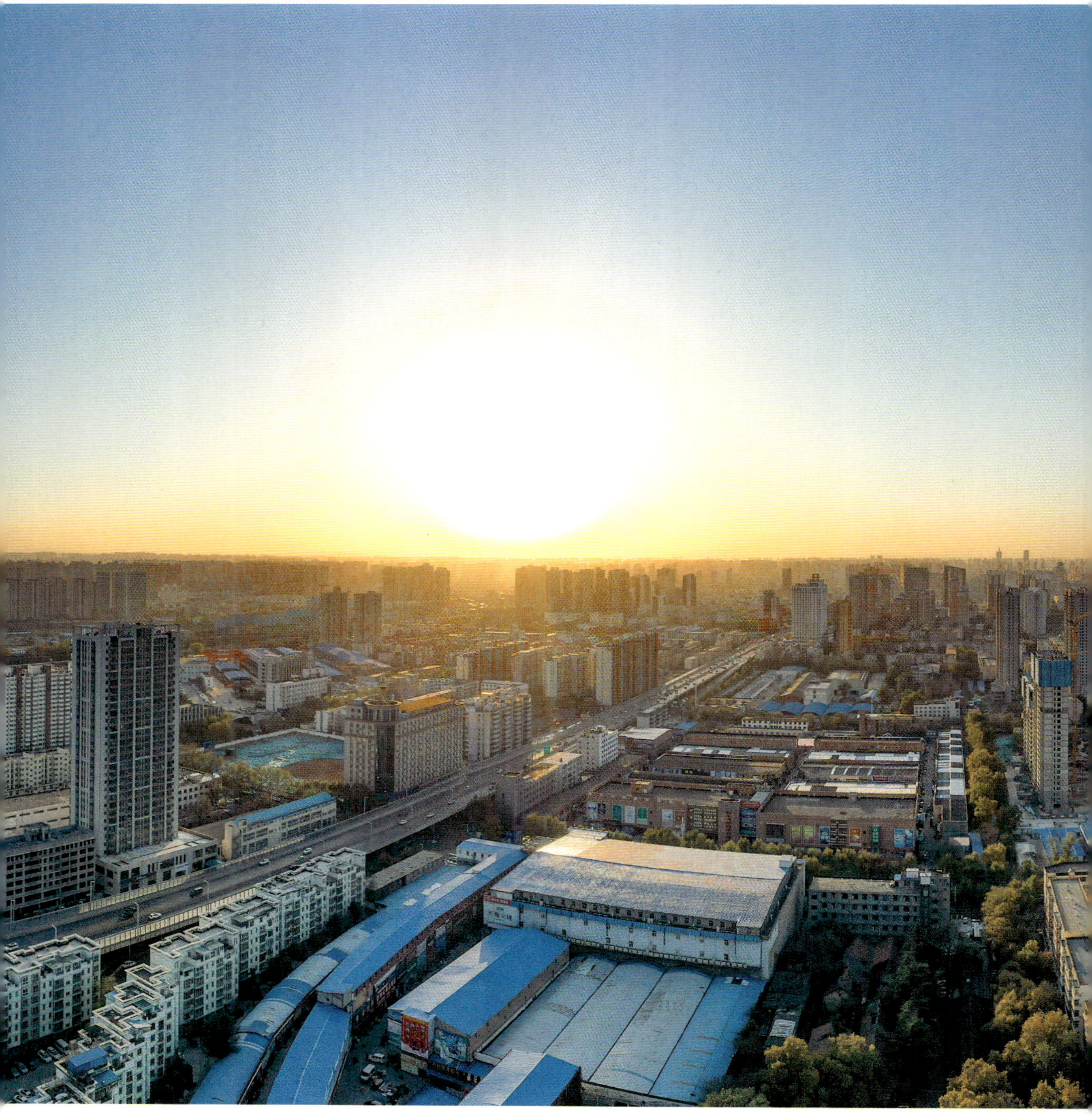

二里岗街道　马健　摄